감사의 뇌파가 부르는 기적

감사의 뇌파가 부르는 기적

이 책은 '좋은 사람이 되기 위한 감사'를 다루지 않는다

감사는 현실을 변화시키는 강력한 동력이다
제대로 작동한 감사는
기적이 되어 당신에게 돌아올 것이다

장성해 지음

바른북스

세상을 보는 눈이

인생의 방향을 정한다

프롤로그

사람들은 누구나 한 번쯤 생각한다. '지금 이 자리에서 벗어나 완전히 다른 삶을 살 수 있다면 어떨까?' 어떤 이는 행운을 꿈꾸고, 어떤 이는 새로운 기회를 찾으며, 어떤 이는 오래된 막막함에서 벗어나길 바란다. 그 바람의 모양은 서로 달라도, 변화에 대한 갈망만큼은 누구에게나 있다.

우리는 같은 이야기를 들어도 각자 다른 방식으로 받아들인다. 누군가는 지금의 상황에 꼭 필요한 문장을 발견하고, 또 누군가는 시간이 지난 후에야 비로소 그 의미를 이해하기도 한다. 이 책의 내용이 나의 경험을 완벽하게 담아내지 못하더라도, 이 글을 통해 독자 한 사람 한 사람에게 자신만의 속도로 진짜 변화가 찾아오기를 간절히 바란다.

이런 마음을 품게 된 데에는, 내가 지나온 시간들이 큰 영향을 주었다. 살다 보면 누구나 버겁고 고단한 시간을 겪는다. 나 역시 예외는 아니었다. 한때는 세상이 불합리와 모순으로 가득 차 있다고 느꼈고, 인간관계 또한 그저 가식적인 거래처럼 보이기도 했었다. 그럴수록 미래에 대한 기대는 점점 희미해졌고, 삶은 더 무겁게 다가왔다.

그 아프고 막막한 시기를 지나던 중, 불현듯 특별한 계기가 찾아왔다. 그 계기로 인해 나는 전혀 다른 세상을 바라보는 눈을 갖게 되었고, 그 깨달음은 내 삶 전체를 송두리째 바꿔놓았다. 관계가 새롭게 다가왔고, 일상이 달라졌으며, 경제적 흐름마저 변했다. 행복이 시작되자 모든 것이 자연스럽게 이어졌다. 내가 달라지니 세상도 나를 다르게 대했고, 세상의 흐름마저 나를 뒷받침해 주었다.

이 책은 그 경험을 과장하거나 미화하려는 기록이 아니다. 내가 경험한 것은 누구에게나 적용되는 보편적 진리다. 이 지구상에 사는 사람이라면 누구나 마주할 수 있는 변화의 길이며, 그 길 위에서 삶이 변하고 성공으로 이어지게 하는 확실한 이치다.

나는 이 책을 읽을 독자들에게 한 가지를 제안하고 싶다. 지금까지 당연하게 여겨온 삶의 방식을 잠시 멈추고, 이 책에서 제시하는 방법들을 두 달 만이라도 진심을 담아 실천해보라. 그러다 보면 어느 순간 세상이 다르게 보이는 경험을 하게 될 것이다. 그리고 그 순간, 세상 또한 당신을 전혀 다르게 바라보기 시작할 것이다.

삶은 종종 예상치 못한 순간에 우리를 새로운 길로 안내한다. 당신은 지금 또 하나의 전환점을 맞이하는 길목에 서 있다. 이 책은 그 길 위에서 두려움 대신 용기를, 막막함 대신 희망을, 그리고 무엇보다 자신의 내면에서 비롯된 확실한 행복을 발견하도록 안내할 것이다.

세상의 이치를 깨닫기 전과 후의 삶은 완전히 다르다. 그것은 기적이라 불러도 좋다. 나는 그 기적을 경험했다. 그리고 당신 또한 반드시 그 기적을 체험하게 되리라 믿는다.

이제, 그 여정의 첫걸음을 함께 내디뎌보자.

CONTENTS

1장 세상 모두가 나의 그림자

당신의 행복과 인사하세요

인생이 힘든 것이 아니라 내 생각이 힘든 것이다

"이것은 '행복'이라는 씨앗이다. 적당한 곳에 숨겨두고 오너라."

어느 날, 최고의 신 제우스가 행복의 신에게 말했다. 행복의 신은 그 씨앗을 어디에 숨겨두면 좋을지 깊이 고민했다.

"바다 깊은 곳은 어떨까요? 거친 파도와 풍랑을 이겨낸 사람만이 찾을 수 있도록요."

그 말을 들은 제우스는 말없이 고개를 저었다.

"그건 그리 어렵지 않다."

행복의 신은 다시 물었다.

"그럼 세상에서 가장 높은 산 위는 어떨까요? 용기와 도전 정신을 가진 사람만이 찾을 수 있도록 말이죠."

제우스는 이번에도 미소를 머금은 채 고개를 저었다. 그리고 천천히 말했다.

"사람이 가장 찾기 어려운 곳은 따로 있단다. 바로 자기 마음속이지. 그러니 그곳에 하나씩 뿌려두거라."

정작 자신의 마음속을 들여다보고 알아주는 일은 깊은 바다를 건너는 것보다, 높은 산을 오르는 것보다 더 어렵다. 우리는 늘 멀리서 행복을 찾으려 하지만, 사실 그것은 언제나 우리 마음 가까이에 있다. 너무 가까워서, 오히려 그 존재를 알아차리지 못할 뿐이다.

가끔은 나만 빼고 모두가 행복하게 사는 것처럼 보일 때가 있다. 나는 하루하루 힘들고 고단하게 버티며 살아가는데, 남들은 여유롭게 웃고, 쉽게 잘되는 것 같아 부러울 때가 있다. 하지만 막상 그들의 마음속을 들여다보면, 그들 또한 각자의 무게를 지고 살아간다. 서로의 속사정을 모를 뿐, 누구나 비슷한 자리를 걷고 있을지도 모른다. 그런데 왜 우리는 그것을 보려 하지 않고 내 곁의 행복을 자꾸 놓치는 걸까.

그 이유는 비교하는 마음을 떨쳐버리지 못하는 데 있다. 세상을 등급으로 나누고 더 높은 등급에 오르기 위해 끝없이 자신을 몰아붙이기 때문이다. 그 속에서 행복은 점점 뒤로 멀어져간다.

우리는 오래 머물지 않는 것일수록 더 간절히 붙잡으려 한다. 손에 쥐면 흘러가고, 가까이 두면 사라지는 것들. 그 덧없음을 알면서도 놓지 못하는 건, 어쩌면 지금 이 순간을 온전히 바라보지 못하기 때문일 것이다. 그러니 이젠 잠시 멈춰야 한다. 그리고 조용히, 내 마음을 들여다봐야 한다.

'마음공부'는 특별한 형식이 필요한 일이 아니다. 조명을 낮추고 향초를 킨 후 매트 위에 가부좌를 틀고 앉아 두 눈을 감는 의식이 아니라, 지금 내 마음이 어떤지 있는 그대로 바라보는 일이다. 우리는 너무 자주 바쁘다는 이유로 마음을 챙기는 일을 뒤로 미룬다. 하지만 남과 비교하는 데 쓰는 시간의 일부만이라도 내 마음을 돌보는 데 쓴다면, 그 마음 안에 이미 심어진 '행복의 씨앗'이 조금씩 자라날 것이다.

그리고 언젠가 당신이 세상의 이치를 깨닫는 순간, 그 씨앗은 꽃을 피울 것이다. 그때 당신은 인생이 바뀌는 놀라운 경험을 하게 될 것이며, 그 변화는 결코 우연이 아니다. 당신의 마음이 세상을 이해할 때, 세상 또한 당신의 마음을 향해 응답하기 때문이다.

내가 행복해야 모두가 행복해지고, 모두가 행복해야 나 또한 온전히 행복해진다. 이제는 내 마음속 깊이 숨겨진 행복을 찾는 일이, 세상에서 가장 쉬운 일이 되기를 바란다.

인생이 힘든 것이 아니라

내 생각이 힘든 것이다.

내 생각이 힘드니

행복하지 않은 것이다.

남의 동그라미

자신이 만든 비교의 함정에 빠지면
남의 동그라미가 더 커보이는 법이다

"그대여 아무 걱정하지 말아요. 우리 함께 노래합시다. 그대 아픈 기억들 모두 그대여. 그대 가슴에 깊이 묻어 버리고, 지나간 것은 지나간 대로 그런 의미가 있죠. 떠난 이에게 노래하세요. 후회없이 사랑했노라 말해요..." ♪

드라마 '응답하라 1988'을 보다가 TV 속에서 흘러나온 노래에 문득 울컥했던 적이 있다. 아마도 그 시절의 공기가 마음 깊은 곳을 건

드렸기 때문일 것이다. 힘들고 막막했지만, 모두가 서로에게 기대며 앞을 향해 나아가던 시절이 있었다. 그 온기가 아직도 마음 어딘가에 남아 있는 듯하다.

과거의 우리는 배고팠고 삶이 고달팠으며, 내일이 불확실했다. 비록 한국전쟁을 직접 겪은 세대는 아니지만, 전쟁 후유증으로 세계에서 가장 가난한 나라였고, 하루하루 먹고 사는 것이 무엇보다 중요했다. 그래서 몸은 늘 지치고 힘겨웠다.

하지만 마음만은 가난하지 않았다. 누구네 집에 좋은 일이 생기면 자기 일처럼 함께 기뻐했고, 어려움이 닥치면 모두가 힘을 모아 도왔다. 어린 내가 연락도 없이 친구네 집에서 자고 와도 부모님은 크게 걱정하지 않으셨다. 그 시절에는 '너 집, 내 집' 할 것 없을 만큼 서로가 가까웠고, 정이 넘쳐났다. 범죄도 드물었다.

지금의 우리는 K-컬처와 K-POP, 노벨문학상 수상에 이르기까지 세계가 주목하는 문화강국이 되었으며, 세계인들이 찾아오고 열광하는 나라가 되었다. 모든 객관적 지표만 보자면 단군 이래 가장 풍요로운 시대다.

하지만 '국민 3분의 1이 우울증을 겪는 나라', 'OECD 국가 중 우울증 유병률 1위', '자살률 1위'의 나라.

최신뉴스

우울증 환자 100만명 시대…진료비 5천억원 넘었다

송고 2024-01-10 06:03 中文

사회 의료·건강

우울증 환자 첫 100만명 넘어…20대 여성이 가장 많다

최근 5년 새 32.9% 증가

아동 우울증 급증… "성장통 아닌 질환, 조기 개입 필수"

HOME > 의료뉴스 > 정책/보험/법률 > 헤드라인

심평원 "최근 5년간 우울증 환자 35%이상 증가해"

코로나19 사태 이후 우울증 환자 수가 더욱 가파르게 증가하고 있다는 사실은 굳이 통계를 보지 않아도 알 수 있다. 주변만 둘러봐도 공황장애나 우울증으로 약을 먹고 있는 이들이 점점 늘고 있다. 잦은 우울감으로 병원을 찾은 지인도 이젠 낯설지 않다. 세상은 분명 풍요로워졌는데, 우리의 마음은 어쩌다 이토록 안녕하지 못하게 된 걸까?

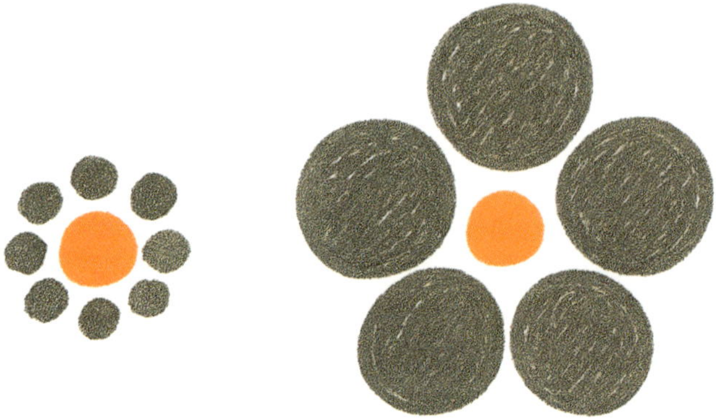

위의 그림을 보면, 두 개의 주황색 동그라미가 있다. 당신은 어느 쪽이 더 커 보이는가?

실제로 양쪽에 있는 두 개의 주황색 동그라미의 크기는 똑같다. 이 사실을 알고 다시 보더라도 왼쪽이 조금 더 크게 느껴지는 것은 왜일까?

똑같은 크기의 두 동그라미지만, 주변을 감싸고 있는 회색 동그라미의 크기에 따라 달라 보이는 이른바 '착시효과' 때문이다. 그렇다면 이런 착시현상은 단지 그림 속에서만 일어나는 일일까?

현대사회에서 우울증과 불안장애가 급증하는 이유는 분명하다. 물질만능주의와 치열한 경쟁 속에서 살아남기 위해 끊임없이 달려야 하는 사회 구조 때문이다. 잠시라도 멈춰있으면 남들이 앞서가고, 그 결과 내가 뒤처지는 것처럼 느껴지는 세상이다. 비교하지 않으려고 해도 자연스럽게 비교의 대상이 되니까 열심히 살지 않는 사람으로 낙인찍히지 않기 위해 몸부림쳐야 하는 시대다.

나는 솔직히 소셜 네트워크 서비스(SNS)를 즐겨 하진 않는다. 유튜브도 자주 보지 않는다. 친구들은 세상 돌아가는 걸 모른다며 놀리기도 하지만, 굳이 남들의 일상을 들여다볼 필요를 느끼지 않는다. 그러나 세상은 이미 달라졌다. 이제는 초등학생조차 페이스북이나 인스타그램, 스레드 같은 SNS를 통해 바다 건너 사람들의 하루를 본다. 서로의 일상과 감정, 삶의 조각들이 손끝 하나로 흘러다니는 세상. 우리는 언제든 타인의 삶을 들여다볼 수 있는 시대에 살고 있다.

그런데 남들의 일상을 이렇게 손쉽게 볼 수 있는 세상이 된 만큼, 한

편으로는 쉽게 비교하는 세상이 되었다는 것도 우리는 알아야 한다. 타인의 찬란한 순간을 보는 일은 이제 너무도 자연스러워졌고 그로 인해 자신도 모르게 비교의 늪으로 빠져들기 쉬운 시대이기도 하다. 모두가 화려하고 건강하며, 매력적이고 활기차게 보이는데 자신만 그렇지 못하다고 느껴질 때, 마음 한켠이 조용히 무너진다. 그렇게 비교는 일상이 되고, 그 틈을 타 우울과 절망이 서서히 마음속에 자리를 잡는다. 우리는 지금, '사회적 비교의 함정'에 빠지기 가장 쉬운 시대를 살아가고 있다.

유독 우리나라가 경쟁이 치열한 데에는 이유가 있다. 가난을 벗어나는 유일한 길이 공부였기 때문이다. 그래서 이렇게 가르쳤다. "뒤돌아보지 말고 앞만 보고 달려라. 친구 사귈 시간에 공부해라. 남들이 잘 때 한 글자라도 더 외워라. 그래야 성공한다."

세대를 거듭하며 이런 가르침은 되풀이되었고, 우리는 자연스레 남과 비교하며 살아가도록 길러졌다. 이런 말들 속에서 자라온 우리는 내 상황과 내 기준이 아니라 타인의 기준과 성취를 끊임없이 의식하며 살아가게 된 것이다. "나는 왜 이 모양 이 꼴일까."라는 자책으로 불안은 계속 깊어져 가고, 결국 그 불안이 우리의 마음을 점점 병들게 했다.

그러나 이 책을 읽는 당신만큼은, 이제 남의 동그라미가 아니라 내가 가진 주황색 동그라미에 시선을 두었으면 한다. 다른 이의 크기에 휩쓸려 내 삶을 평가하지 말고, 내가 가진 색과 빛으로도 충분히 아름답다는 사실을 잊지 않았으면 좋겠다. 비교의 세상 속에서도 마음의 중심을 지키는 일, 그건 결코 쉬운 일이 아니다. 하지만 '나는 지금 어디에 서 있는가?'라는 물음 하나만으로도, 이미 첫걸음은 내디딘 셈이다. 이제 잠시 멈춰, 당신 마음의 동그라미를 바라보자.

의문이 낳은 궁금증

그리움이 남기고 간 질문 하나

나는 중학교 2학년이 되어서야 전기가 들어올 만큼 가난한 시골 마을에서 태어났다. 학교에 다니기 위해 매일 산 두 개를 넘어야 했던 유년 시절. 지금 생각하면 참 고단했을 법한데, 그땐 그게 당연했다.

그 시절, 우리 집은 동네에서는 조금은 넉넉한 편이었다. 과수원을 했고, 일손을 돕는 사람들도 있었다. 그래서였을까. 아버지는 늘 베풀며 사셨다. 누구네 집에 아기가 태어나면 쌀 한 됫박을 퍼주며 기쁨을 나누었고, 아랫동네에 길손이 찾아오면 "저 위 집으로 가보세요.” 하며 우리 집을 가리켰다.

사랑방에는 늘 객지 손님이 머물렀고, 스님이 시주하러 오시면 아버지는 으레 말씀하셨다. “커다란 놋그릇에 쌀 듬뿍 퍼드려라.” 우리 집 대문은 늘 활짝 열려 있었고, 동네 사람들은 아버지를 “어르신”이라 부르며 따랐다.

그런 아버지가 세상을 떠나셨을 때, 이상하게도 눈물 한 방울 나오지 않았다. 실감이 나지 않았다. 그런데 몇 해 뒤, 설날에 집에 내려갔을 때였다. 문을 열며 “너희 왔냐.” 하시던 아버지의 목소리가 들리지 않자, 그제야 가슴이 미어지고 눈물이 쏟아졌다. 그리움이 너무 늦게 찾아온 셈이었다. 그날 이후로 생각이 점점 깊어졌다.

‘왜 아버지는 평생을 일만 하시다 가셨을까. 무엇을 위해 그렇게 사셨을까.’ 그리고 그 의문은 곧 나 자신을 향했다.

‘나는 지금 무엇을 위해 살고 있는 걸까. 이 세상에 태어나 어떻게 살아야 하는 걸까.’

머릿속은 복잡했고, 아무리 생각해도 명확한 답이 나오지 않았다.

세월이 흘러 사업이 안정되고, 겉으로는 부족함 없는 삶을 살고 있었지만, 마음 한구석은 늘 공허했다. 그러다 문득 이런 생각이 들었다.

'2년만 산에 들어가서 머릿속을 정리하고 오자.'

하지만 주변 사람들은 이해하지 못했다. 내가 괜찮아 보였으니까. 겉으로는 꽤나 성공한 사람처럼 보였으니까. 결국 산에 들어가겠다는 생각은 접을 수밖에 없었다. 대신 나는 내 삶을 하나씩 되짚기 시작했다.

사업이 잘될 땐, 세상이 내 편인 줄 알았다. 하지만 일이 어그러지면 세상 전체가 등을 돌린 것처럼 느껴졌다. 성공은 내 힘이라 믿었지만, 실패는 늘 세상의 탓이었다. 나는 돈에 집착했고, 돈에 얽매였으며, 돈이 전부라 믿었다. 그래서 진짜 중요한 걸 놓쳤다.

이웃과 정을 나누며 살았던 아버지를 보고 자랐으면서도, 나는 왜 그 마음 하나 이어받지 못했을까. 지기 싫어서 강한 척하고, 시기와 질투로 남을 깎아내렸던 지난날이 마음공부를 통해 비로소 선명히 보였다.

예전에는 '인연으로 돈을 벌고, 인연으로 돈을 잃는다'고 믿었다. 그래서 늘 나에게 이로운 사람을 만나야 한다고 생각했다. 하지만 마음공부를 하며 새롭게 알았다. 누굴 만나느냐보다 어떤 마음으로 그들을 대하느냐가 인연의 결과를 바꾼다는 사실을.

커피도 마시고 싶다는 마음이 생겨야 물을 끓일 수 있고, 친구의 목소리가 듣고 싶다는 마음이 생겨야 번호를 누를 수 있다. 모든 일의 시작은 결국 마음이다.

우리는 마음 안에 살면서도 그 힘을 모른다. 마음은 한 치의 오차도 없이, 내가 품은 생각 그대로 세상을 비춘다. 그래서 세상은 언제나 내 마음을 비추는 거울이다.

그러니 당신 말고는 그 누구도 당신의 마음을 움직일 수 없다. 마음이 건강하지 않으면 삶도 건강할 수 없고, 삶이 건강하지 않으면 세상 또한 건강하게 돌아가지 않는다.

AI 시대라 해도, 마음의 힘을 길러야 하는 일은 결국 여전히 '당신 자신'의 몫이다. 진짜 변화는 언제나 밖이 아니라, 자신의 마음을 다시 바라보는 그 순간부터 시작된다.

현실을 관통하는 세상의 이치

모든 해결책은 현실에서 찾아야 한다

삶의 방향을 잃은 채 멈춰 서 있었던 그 시기, 나는 답을 찾고 싶었다. 어떻게 살아야 하는지, 왜 사는지, 그리고 무엇이 옳은 길인지. 산으로 향하진 못했지만, 대신 마음의 길을 따라가기 시작했다.

그때 나는 여러 종교의 경전을 펼쳤다. 인간의 마음과 삶의 본질을 다루는 가르침 속에서 해답의 실마리를 찾을 수 있을 거라 생각했기 때문이다. 비록 특정 종교를 갖고 있지는 않지만, 성경도 보고 불교

경전도 살펴보았다. 다만 종교의 가르침 그 자체보다, 그 안에 담긴 인간과 세상에 대한 통찰을 알고 싶었다.

읽다 보니 좋은 말들이 정말 많았다. 욕심이 지나치면 집착이 되고, 미움은 분노로 번지며, 진리를 보지 못하는 어리석음은 결국 자신과 타인을 해롭게 만든다는 '탐·진·치(貪·瞋·癡)'의 가르침이 마음에 깊이 남았다. 모든 일에는 원인이 있고, 그로 인해 결과가 생긴다는 '연기(緣起)'의 법칙도 알게 되었다.

그리고 성경에서도 비슷한 메시지를 발견했다. "모든 지킬 만한 것 중에 더욱 네 마음을 지키라. 생명의 근원이 이에서 남이니라." 인간의 마음이야말로 삶의 근원이며, 모든 변화의 출발점이라는 뜻이었다.

그러나 좋은 말이라 해도 현실에서 실천하기란 쉽지 않았다. 읽을 때는 고개가 끄덕여지지만, 막상 삶의 무게 앞에서는 그 의미가 금방 흐려졌다. 책 속의 가르침은 분명했지만, 현실의 문제는 그렇게 단순하게 풀리지 않았다. 내일 나가야 할 돈이 더 급했고, 사람 사이의 오해와 갈등은 결코 이론만으로 해결되지 않았다.

그때 깨달았다. 결국 모든 해결책은 현실에서 찾아야 한다는 것을.

과거의 스승들이 말한 진리도, 결국 그 시대의 현실 속에서 길어 올린 깨달음이었을 것이다. 지금의 세상도 다르지 않다. 다만 시대가 바뀌고, 삶의 모습이 변했을 뿐이다. 그래서 나는 '지금의 현실'을 정확히 들여다보기로 했다.

책이나 경전이 알려준 지혜는 결국 우리가 살아가는 현실 속에서 빛을 발한다. 세상을 올바로 바라보는 눈, 그 속에서 길어 올린 깨달음이야말로 진짜 지혜의 시작이다.

현실을 관통하는 세상의 이치를 이해한다는 건, 결국 사람을 이해하는 일이다. 다른 사람의 동기와 행동을 이해하면 오해가 줄어들고, 공감이 생기며, 연결이 깊어진다. 이는 인간관계뿐 아니라 개인의 성장과 삶의 방향을 정하는 데에도 결정적인 도움이 된다. 그러니 진짜 지혜는 책 속의 가르침을 현실의 삶 속에서 다시 바라보는 눈에서 시작된다.

그렇다면 묻는다. 지금 이 시대를 살아가는 우리에게 '세상의 이치'란 무엇인가? 어떻게 해야 세상을 제대로 보고, 내 마음을 바르게 다스릴 수 있는가?

멀리서 찾으려 하면 결코 피부에 와닿지 않는다. 세상이 지금 어떤 방향으로 흘러가고 있는지, 그 현실부터 느껴야 한다. 마음이 바빠지기 시작했다.

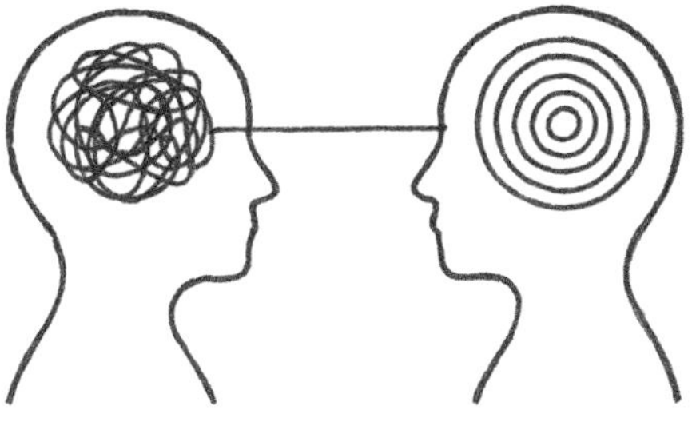

세상 모두가
나의 그림자

나를 위해 일한 것이 그대를 도왔고,
그대를 위한 노고가 결국 나를 도왔다

현실을 바라보기로 결심한 뒤, 나는 세상을 조금씩 다르게 보기 시작했다. 예전엔 모든 게 내 힘으로 돌아가는 줄 알았다. 열심히 일하면 결과가 따라오고, 노력한 만큼 보상받는 게 세상의 이치라고 믿었다. 하지만 가만히 들여다보니, 그것만으로 설명되지 않는 부분이 너무 많았다. 겉으로는 내가 만들어낸 하루처럼 보이지만, 조금만 깊게 바라보면 그 하루의 곳곳에는 보이지 않는 수많은 사람들의 시간과 노력이 깃들어 있었다. 처음에는 그저 스쳐 지나가는 생각이었지만, 하루를 의식적으로 바라보면서부터 그 생각은 점점 윤곽을 갖기 시작했다.

그 무렵, 내 생각에 확신을 더해주고 깨달음에 본격적인 시동을 걸어준 일이 하나 있었다. 주말에 오랜 친구를 만나 고깃집에 갔던 날이었다. 나를 보자마자 친구가 웃으며 말했다.

"야, 이 옷… 내가 만든 건데, 어쩌다 네가 입고 있노?"

순간 나도 웃었지만, 이상하게 가슴 한켠이 찌르르했다. 오래전부터 의류공장을 운영하던 친구의 공장에서 만들어진 옷을 나는 모른 채 사 입고 있었던 것이다. 분명 돈을 주고 산 물건이었지만, 그날따라 유난히 선명하게 다가왔다. 누군가의 땀과 노력이 내 일상 깊숙이, 너무도 자연스럽게 스며들어 있었다는 사실이.

그 순간, 마음속에서 희미하게 떠오르던 질문이 또렷해졌다. '그렇다면 내가 살아가는 하루에는 얼마나 많은 이들의 손길이 닿아 있을까?' 회사를 운영하며 여러 사람의 하루를 책임져왔지만, 정작 내 하루가 누구의 손길로 지탱되어 왔는지는 한 번도 돌아보지 못했다.

그래서 처음부터 내 하루를 아주 자세히 들여다보기 시작했다.

여느 날처럼 알람을 끄고 일어나 씻고 옷을 갈아입는다. 간단히 아침을 먹고, 집을 나서 자동차를 몰며 회사로 향한다. 업무 시작과 함께 각 부서의 보고를 받고, 이슈를 정리하며 사람들과 끊임없이 대화를 나눈다. 직원들과 점심을 먹고, 다시 자리로 돌아와 쌓인 결재와 의사결정을 이어간다. 거래처와 통화하고 회의를 하다 보면, 어느새 저녁이 찾아온다. 집에 돌아와 씻고 눕는다. 겉보기엔 누구나 비슷한, 너무도 평범한 하루다. 그런데 그 하루는 결코 나 혼자 만들어낼 수 있는 것이 아니었다.

그렇다면 여기서 질문을 해보겠다. 오늘 당신이 먹은 밥 한 그릇, 그 단순한 한 끼 식사를 위해 과연 몇 사람이 움직인 것 같은가? 나아가 당신의 하루를 위해서는 또 몇 사람이 움직인 것 같은가? 당신은 이 질문을 스스로에게 해본 적이 있는가? 혹은 이 질문의 답을 상상해본 적은 있는가?

눈앞에 놓인 하얀 쌀밥의 시작은 볍씨 한 톨이다. 그 볍씨를 개발하고 보급한 연구원들, 농부의 수고, 물길을 관리한 기술자들과 농기계를 만든 사람들의 노력이 한데 모여야 비로소 벼가 자란다. 수확한 벼를 정성 들여 말리고, 도정하고, 선별하는 과정에는 또 다른 수많은 노동이 필요하다. 포장을 하고 운반하며, 물류센터를 관리하고, 마트의 진열대에 올리는 사람들, 온라인 주문을 처리하고 배달하는 이들까지. 전기밥솥을 만들기 위해 철을 다듬고 회로를 설계하고 공장에서 조립하는 이들의 노동도 그 밥 한 숟가락 안에 녹아 있다.

당신의 밥 한 숟가락이 입안에 들어오기까지, 아주 보수적으로 잡아도 수백 명의 노고가 이어져 있다. 시야를 조금만 넓혀도 그 수는 수천 명까지도 쉽게 뻗어난다. 농부의 하루에도 도움의 그림자는 숨어 있다. 그가 입은 옷, 마신 물, 밭을 일구기 위해 타고 다닌 트럭과 트랙터, 비료를 만든 공장, 물류 시스템을 설계한 사람들까지. 한 사람의 하루를 지탱하기 위해 또 다른 수많은 이의 하루가 필요한 것이다. 그러니 우리가 '밥'이라고 부르는 이 한 그릇은 사실, 셀 수 없는 사람들의 삶이 포개진 결과물이다.

누군가는 이렇게도 말한다. "내가 돈 냈잖아. 그럼 된 거지." 하지만 정말 그럴까. 내가 낸 그 돈이, 과연 그 수많은 하루와 노동을 모두 사줄 수 있을까. 점심값 만 원을 냈다고 해서 농부의 새벽 노동과 운송 기사들의 밤길, 수없이 쌓인 경험과 기술, 실패와 연구의 시간을 온전히 구매했다고 말할 수 있을까. 돈은 대가일 수는 있어도, 대체가 될 수는 없다.

내가 백만 원을 건네며 이렇게 말한다고 상상해보라. "혼자서 벼를 심고 수확하고, 도정하고, 유통하고, 내일까지 밥 한 그릇 차려주세요." 단언컨대 불가능할 것이다. 돈은 노동의 무게를 줄여줄 수는 있어도, 그 노고를 대신 만들어주지는 않는다. 우리는 혼자의 힘으로는 단 한 끼도 온전히 준비할 수 없고, 혼자의 기술로는 어떤 삶도 살아갈 수 없다.

그러니 "나는 충분히 지불했다."는 말 뒤에는 언제나 보이지 않는 수백 가지의 은혜가 숨어 있다. 내가 손에 쥔 영수증 한 장이 세상의 은혜를 결산해주지 못한다. 우리는 항상, 이미, 먼저 도움을 받고 살아왔다. 지불의 순서가 앞서는 것도, 크기가 더 큰 것도 아니다. 도움과 연결이 먼저 있었기에, 내가 지불할 수 있는 삶이 생긴 것이다.

그렇다면 과연 내가 평생 누려온 이 하루에 얼마나 많은 이들의 손길이 닿아있을까. 혹시 내 생각이 조금 과장된 건 아닐까 싶어, AI는 이런 계산을 어떻게 할까 궁금한 마음에 한 번 물어봤다.

정확한 수치를 세는 건 불가능합니다. 하지만 대략의 범위는 가늠할 수 있죠.

당신이 아침에 마신 커피 한 잔을 위해서도, 열대의 햇살 아래서 커피체리를 따는 농부가 있고, 콩을 선별하고 볶는 기술자들이 있고, 그것을 바다 건너 운반한 선원, 유통망을 설계한 물류 엔지니어, 포장재를 만든 화학업자, 그리고 그것을 진열한 매장 직원과 당신에게 건넨 바리스타가 있습니다. 그들의 하루가 겹쳐지지 않았다면, 당신은 오늘 단한 모금도 마실 수 없었을 겁니다.

씻는 것도 마찬가지입니다. 당신이 아무 생각 없이 사용하는 수돗물 한 컵 뒤에는 정수 시설을 설계한 사람, 상수도를 보수하는 사람, 파이프를 땅속 깊이 깔았던 사람의 손길이 있습니다. 그 물을 담아내는 비누와 샴푸, 그 병을 만든 공장, 그 기계를 관리한 정비사, 그 재료를 구축한 광산 노동자들의 하루가 보이지 않는 곳에서 연결되어 있지요.

당신이 편안히 자는 이불 속에도 농업, 직물, 디자인, 제조, 운송, 소매까지 수많은 산업이 맞물려 있습니다. 음악을 들으며 쉬는 그 한 시간은 작사 · 작곡가, 가수, 음향 엔지니어, 프로듀서, 스트리밍 서버를 관리하는 개발자의 시간이 모여 만들어진 선물이고요.

출퇴근은 어떨까요. 타이어 하나가 도로에 닿는 그 순간에도 석유 시추선부터 정유 공장, 차체를 설계한 엔지니어, 교통 신호를 만든 개발자, 정비사, 터널을 뚫고 다리를 만든 노동자들이 함께 움직이고 있습니다.

그러니 당신의 하루에 관여한 사람의 수는 아무리 적게 잡아도 수백만 명입니다. 조금만 더 넓히면 수천만 명이 되고, 지도를 크게 펼치면 전 세계가 당신의 하루에 참여하고 있습니다. 살아 숨쉬는 모든 시간들 속에서, 당신은 단 한순간도 혼자가 아니었어요

그렇다. 내가 '혼자' 버티고 있다고 믿었던 그 모든 날들에도, 사실은 상상조차 하지 못한 수많은 사람들이 함께 서 있었다. 세상은 처음부터 그렇게 작동해 왔다. 누군가의 하루 위에 또 다른 이의 하루가 겹치고, 그 시간들이 연결되어 서로를 지탱한다. 누군가의 노동과 노고 덕분에 내가 오늘을 살아갈 수 있었고, 내가 흘린 땀방울이 누군가의 일상으로 이어졌다. 이처럼 우리는 서로에게 도움을 주고받은 존재다.

그러나 우리는 늘 스스로를 자립적인 존재라고 믿는다. '내 힘으로

여기까지 왔다.'고 자부한다. 사실 그 믿음은 착각이다. 우리는 단지, 나도 모르게 기대어 살아온 수많은 노고를 잊고 있었을 뿐이다. 그리고 그 사실을 잊을 때 우리는 쉽게 오만해진다. 누군가의 도움 위에 서 있으면서도 그것을 당연하게 여긴다. 작은 불편이나 타인의 실수에는 쉽게 화를 내면서, 나를 살게 한 수많은 손길에는 고마움을 표현하지 않는다.

침대에 누울 수 있다는 것, 방에 불이 들어온다는 것, 글을 쓸 수 있는 노트북이 작동한다는 것, 핸드폰이 연결되고 쓰레기를 버리면 수거해가는 시스템이 존재한다는 것. 그 모든 평범함이 사실은 수많은 이들의 땀과 시간으로 지탱되고 있다. 그런데 우리는 그 위에서 살아가면서도 불편이 생기면 너무 쉽게 남을 탓한다. 누군가의 하루를 떠올리지 못한 채 오직 나의 불편만을 잣대로 세상을 재단한다.

하지만 세상은 결코 나의 편의를 위해 돌아가지 않는다. 수많은 이들의 노고와 인내가 맞물려 하나의 질서를 이루고, 그 질서 위에서 나의 하루가 가능해진다. 감사할 줄 모르는 마음은 결국 자신을 가난하게 만든다. 불편함을 탓하기보다, 그 불편함조차 감당할 수 있게 해준 세상의 수고를 먼저 떠올려야 한다.

세상은 서로의 노동과 시간이 얽혀 돌아가는 하나의 숨결이다. 그 안에서 우리는 모두 누군가의 그림자에 기대어 살아가고, 또 누군가의 하루를 밝히는 또 다른 그림자가 된다.

세상과 분리되어 있다고 믿는 사람은
스스로를 고립시키며 외롭게 만든다.

그러나 타인과 내가 연결되어 있음을 아는 사람,
세상이 서로의 그림자 위에 서 있음을 아는 사람은
그 연대 속에서 감사와 평화를 배운다.

감사와 만족은
삶의 깊은 곳에 숨어 있는
행복을 꺼내는 가장 단순한 기술이다.

사색 포인트

우리는 오래 머물지 않는 것일수록 더 간절히 붙잡으려 한다. 손에 쥐면 흘러가고, 가까이 두면 사라지는 것들. 그 덧없음을 알면서도 놓지 못하는 건, 어쩌면 지금 이 순간을 온전히 바라보지 못하기 때문일 것이다. 그러니 이젠 잠시 멈춰야 한다. 그리고 조용히, 내 마음을 들여다봐야 한다.

이 책을 읽는 당신만큼은, 이제 남의 동그라미가 아니라 내가 가진 주황색 동그라미에 시선을 두었으면 한다. 다른 이의 크기에 휩쓸려 내 삶을 평가하지 말고, 내가 가진 색과 빛으로도 충분히 아름답다는 사실을 잊지 않았으면 좋겠다.

당신 말고는 그 누구도 당신의 마음을 움직일 수 없다. 마음이 건강하지 않으면 삶도 건강할 수 없고, 삶이 건강하지 않으면 세상 또한 건강하게 돌아가지 않는다. AI 시대라 해도, 마음의 힘을 길러야 하는 일은 결국 여전히 '당신 자신'의 몫이다. 진짜 변화는 언제나 밖이 아니라, 자신의 마음을 다시 바라보는 그 순간부터 시작된다.

현실을 관통하는 세상의 이치를 이해한다는 건, 결국 사람을 이해하는 일이다. 다른 사람의 동기와 행동을 이해하면 오해가 줄어들고, 공감이 생기며, 연결이 깊어진다. 이는 인간관계뿐 아니라 개인의 성장과 삶의 방향을 정하는 데에도 결정적인 도움이 된다. 그러니 진짜 지혜는 책 속의 가르침을 현실의 삶 속에서 다시 바라보는 눈에서 시작된다.

'혼자' 버티고 있다고 믿었던 그 모든 날들에, 사실은 상상도 못 한 수많은 인류가 함께 서 있었던 것이다. 세상은 언제나 이렇게 작동해 왔다. 누군가의 하루 위에 또 다른 이의 하루가 겹치고, 그 시간들이 연결되어 서로를 지탱한다. 누군가의 노동과 노고 덕분에 내가 오늘을 살아갈 수 있었고, 내가 흘린 땀방울이 누군가의 일상으로 이어졌다. 이처럼 우리는 서로에게 도움을 주고받은 존재다.

2장 감사하는 마음이 기적을 만든다

맹목적인 감사와
대상을 향한 감사

습관처럼 하는 '감사'와 내가 말하는 '감사'는
완전히 다른 것이다

우리는 하루에도 몇 번씩 "감사합니다."라는 말을 한다. 식당에서 음식을 가져다주는 직원, 택배를 건네는 기사, 편의점에서 계산을 맡은 사람에게 이르기까지 자연스럽게 인사를 건넨다. 그래서 사람들은 자신이 늘 감사한 마음으로 살아가고 있다고 생각한다.

하지만 그것은 착각이다. 당신이 말하는 그 '감사'는 진심이 아니라 습관적인 예의일 뿐이다. “안녕하세요.”, “잘 지내시죠?”, “또 뵈어요.”와 같은 인사말과 다르지 않다. 그저 사회적으로 배운 매너에 불과하다. 그 안에는 타인의 존재를 인식한 감정의 떨림이 없다.

아침에 무사히 일어나고 밥을 먹을 수 있음에 하는 감사는 생활 속에서 자연스럽게 할 수 있는 기본적인 감사다. 햇살이 따뜻해서, 커피가 맛있어서, 버스가 제시간에 와서 감사하다고 느끼는 것은 삶을 긍정하는 태도일 수는 있지만, 깊은 인식에서 비롯된 감사는 아니다. 물론 이런 태도가 나쁘다는 뜻은 아니다. 그러나 그것이 감사의 전부라 믿는 순간, 우리는 세상의 구조를 보지 못한다. 햇살과 커피에만 감사하다 보면 커피를 재배하고 선별하며 포장해 보낸 사람들의 노고는 쉽게 잊히기 때문이다.

감사는 감정이 아니라 ‘인식’에서 출발한다. 진짜 감사는 ‘좋아서’ 느끼는 감정이 아니라, ‘보이기 시작할 때’ 생겨나는 깨달음이다. 신에게 올리는 추상적인 기도도, 습관처럼 반복되는 사회적 예의도 아닌, 나의 삶을 실제로 가능하게 해준 존재들을 향한 인식의 행위가 되어야 한다.

그 인식이 깊어질수록 감사는 종교의 언어가 아니라 삶의 언어로 바뀐다. '그들이 있어 내가 존재하고, 내가 존재함으로써 그들도 살아 간다.' 이 상호성을 자각할 때, 감사는 단순한 덕목에서 삶을 유지시키는 근원적 힘으로 변한다.

우리는 스스로를 미워하지 않는다. 자신을 질투하거나 괴롭히지 않는다. 대신 어떻게 하면 더 아끼고 사랑할지를 고민한다. 그렇다면 타인에게도 같은 원리를 적용해야 한다. '너'와 '나'를 분리하지 않고 서로의 그림자라 인식할 때, 미워할 수 없고, 도려낼 수도 없다. 타인은 비교나 시기의 대상이 아니라, 나의 존재를 비춰주는 또 다른 그림자다.

세상의 진리는 변하지 않는다. 하지만 세상을 바라보는 나의 관점은 언제든 변할 수 있다. 그 변화를 가장 빠르게 만드는 도구, 그것이 바로 '너'를 향한 감사다.

걸음걸음마다 감사하는 순간 모든 것이 변한다

감사는 타인과 나를 연결시켜주는 고마운 열쇠다

나는 휴일 아침이면 따뜻한 차 한 잔을 마시며 나만의 시간을 갖는다. 한 주를 마감하며 생각을 정리하는 이 시간은 늘 내게 소소한 행복을 안겨준다.

어느 일요일, 그날도 차를 마시며 창밖을 바라보았다. 일요일인데도 도로 위에는 자동차들이 달리고, 거리엔 여전히 사람들이 분주히 움직이고 있었다. 그 모습을 보는데, 이유 모를 고마움이 밀려왔다. 괜히 눈시울이 뜨거워졌다.

예전엔 이렇게 생각했다. '휴일에 뭐 그리 할 일이 있다고 저렇게 바쁠까?' 하지만 지금은 다르다. '저 많은 사람들이 참 열심히 살아가고 있구나. 휴일인데도 세상이 멈추지 않도록 저렇게 움직이고 있네. 그 덕분에 나의 하루도 존재하는구나.' 이렇게 생각 하나가 바뀌자, 마음의 풍경이 완전히 달라졌다.

운전할 때도 마찬가지다. 갑자기 끼어드는 차, 뒤에서 경적을 울리는 운전자들. 예전의 나는 금세 짜증이 올라왔다. "미친 거 아냐?" 하고 소리치던 내가 떠오른다. 이젠 다르게 본다. '유난히 바쁜가 보다. 어쩌면 저 사람은 나의 한 끼를 위해 식자재를 배송하는 중일지도 몰라.' 그렇게 생각하니 모든 상황이 이해되었다.

자동차를 설계하고 조립한 사람들, 도로를 닦고 다리를 세운 이들의 손길이 자연스레 떠올랐다. 그들이 있었기에 내가 목적지에 닿을 수 있다는 사실이, 가슴 깊이 고마웠다.

도로 위에서도, 일상 속에서도 수많은 사람들이 나를 위해 움직이고 있다. 그 사실을 떠올리면 짜증낼 이유가 없다. 걸음걸음마다 감사해야 한다. 그들의 노동과 헌신 위에 나의 하루가 서 있으니까.

물론 감사는 연습이 필요하다. 하지만 한 번 그 대상을 인지하기 시작하면, 감사는 어느새 자연스러워진다. 나는 확신한다. 진심이 스며든 감사의 크기만큼 인생은 깊어진다. 그만큼 행복의 무게도 단단해진다. 맹목적이거나 신에게만 바치는 감사가 아니라, 현실 속에서 내 삶을 가능하게 해준 사람들에게 보내는 감사, 그것이 진짜다.

그런 마음에 이르면 미움이 사라진다. 과거에 나를 상처 입힌 사람도 용서할 수 있다. 세상이 달리 보이고, 마음이 달리 움직인다. 그 순간 마음속에 쌓였던 미움과 괴로움이 서서히 녹아내린다. 그것이야말로 진정한 마음의 치유다.

이 관점을 받아들이는 순간, 당신이 세상을 바라보는 태도는 조금씩 변한다. 작은 자극에 덜 흔들리고, 마음을 바로잡을 기회를 스스로 만들어낸다. 누군가가 나를 아프게 했다면, 그 존재조차 지금의 나를 완성하기 위한 하나의 요인으로 받아들일 수 있다. 내면에 평화를 품은 사람은 가족과 친구, 동료와 지인에게 선한 에너지를 전한다. 그 에너지는 또 다른 감사로 이어지고, 그 감사는 다시 새로운 연결을 낳는다. 결국 나의 하루가 변하면, 타인의 하루도 변한다.

대상을 향한 진정한 감사는 우리를 하나의 존재로 이어주는 열쇠다. 그러나 우리는 이런 기회를 너무 쉽게 흘려보낸다. 잠시 일을 멈추고 지금, '나'와 '너'를 함께 인지해보자. 내가 그들로부터 어떤 선물을 받아왔는지를 깨닫는 순간, 진정한 감사가 마음속에서 소용돌이치기 시작한다.

그때 우리는 비로소 알게 된다. 행복해질 자격은 이미 충분히 내 안에 있었음을.

지금 이 순간은

'연결된 세상, 연결된 너와 나'에게

감사할 시간이다.

사촌이 땅을 샀는데 왜 내 배가 아플까

너와 나의 구분이 사라진다면 경쟁이 아니라 '감사와 축하'로 변한다

'사촌이 땅을 사면 배가 아프다.'는 속담은 남의 행복과 성공을 축하하기보다, 자신의 처지를 비교하며 마음이 불편해지는 인간의 심리를 정확히 짚은 말이다. "남이 잘되면 질투 날 수도 있지 않나요?" 그럴 수 있다. 질투는 인간의 본능이다. 하지만 그 감정이 오래 머물면 마음을 병들게 한다. 남의 성공이 나의 불행으로 보이기 시작할 때, 우리는 이미 자신을 상처 내기 시작한 것이다.

사실 세상은 '나'와 '너'가 따로 존재하는 것처럼 보이지만, 본질적으로 모두 연결되어 있다. 누군가의 노력과 성취가 결국 또 다른 누군가의 삶을 움직이고 변화시킨다. 앞서 말했듯, '나'와 '너'의 경계는 실체라기보다 마음이 만든 경계다.

가까운 사람의 성공은 나를 작게 만드는 일이 아니다. 오히려 그것은 '나'의 성장으로 이어진다. 생각해보자. 누군가가 오랜 시간 실패를 견디며 제품을 개발했고, 결국 투자를 받아 회사를 일으켰다면 그 결실은 사회의 기술이 되고, 우리의 일상을 편리하게 만든다. 그는 세금을 내고, 일자리를 만들며, 그로 인해 새로운 복지와 사회 기반이 세워진다. 그의 성공은 결국 나의 삶을 지탱하는 또 하나의 기둥이 된다.

이렇게 보면, 타인의 성공이 곧 나의 혜택이다. 남의 성취를 축하하는 일은 곧 내 삶을 확장하는 일이다. 그래서 '너'는 경쟁자가 아니라 동행자다. 이 사실을 마음 깊이 받아들일 때 비로소 우리는 진짜 행복을 배운다.

물론 처음엔 쉽지 않다. “저 사람은 원래 금수저였잖아.” “운이 좋았을 뿐이야.” 이런 생각들이 자동으로 떠오를 것이다. 그건 비교에서 비롯된 방어기제다. 자신이 초라해지는 게 두려워 타인의 성공을 깎아내리는 순간, 마음은 더 작아진다. 그래서 미디어에서도 ‘선플’보다 ‘악플’이 더 많은 것이다.

정말 묻고 싶다. 남을 비꼬면 내 인생이 나아지는가? 남을 깎아내리면 내 마음은 가벼워지는가? 그건 잠시의 위안일 뿐, 결국 나를 더 고립시키는 길이다.

나는 알고 있다. 질투와 비교를 버린 자리엔 감사가 들어선다는 것을. 그 감사는 타인의 성공을 나의 성장으로 받아들이게 하고, 세상과 나의 관계를 전혀 다른 시선으로 바꿔놓는다.

그래서 말하고 싶다. 이제는 ‘사촌이 땅을 사면 배가 아프다.’는 속담이, 남의 행복을 함께 축하하는 문장으로 새롭게 쓰이기를.

당신은

여전히,

아직도,

사촌이 땅을 사면

배가 아픈가?

감정과 에너지를 얼마나 소모하고 있습니까

마음의 쓰레기통을 비우는 방법, 용서

현대인은 누구나 저마다의 걱정을 품고 산다. 10대는 진로를, 20대는 등록금과 취업을, 30대는 대출과 주거비를, 40대는 자녀 교육을, 50대는 자식의 결혼을, 60대는 노후를 걱정한다. 걱정 없는 사람은 없다. 어쩌면 인간의 인생은 처음부터 끝까지 걱정으로 덮여 있는지도 모른다. 하지만 우리가 붙잡고 사는 대부분의 걱정은 실제로는 일어나지 않거나, 일어나더라도 별 의미 없는 일들이다.

한 연구에 따르면 인간이 하는 걱정 중 실제로 일어나지 않은 일이 40%, 이미 지나간 일이 30%, 중요하지 않은 일이 22%, 우리가 어찌할 수 없는 일이 4%라고 한다. 결국 우리의 걱정 96%는 불필요하거나 무력한 것들이다. 그럼에도 우리는 이미 지나간 일을 붙잡고 후회하며, 오지도 않은 내일을 미리 걱정한다. 그렇게 오늘을 잃는다. 매일같이 '걱정'이라는 이름의 가짜 문제에 에너지를 쏟아붓는 셈이다. 얼마나 어리석은가. 우리는 왜 이렇게도 '지금'을 살지 못할까.

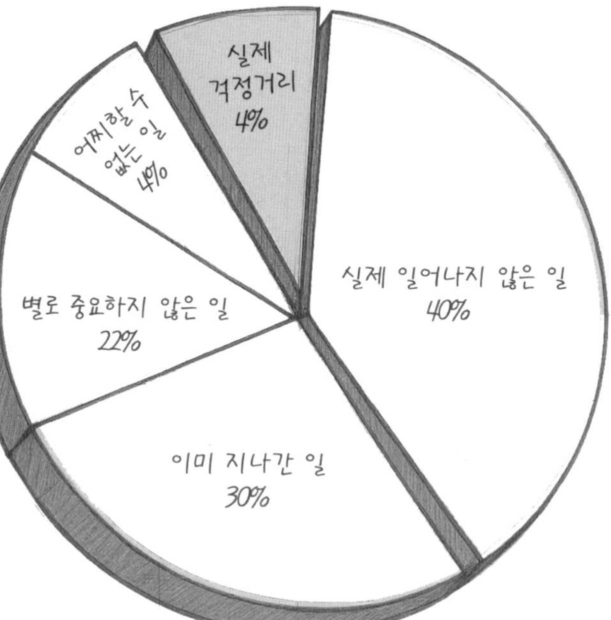

보통 사람은 하루에 약 5만 가지의 생각을 한다고 한다. 책을 읽으면서도 다른 일을 생각하고, 회의 중에도 저녁 메뉴를 고민한다. 초 단위로 스쳐 가는 생각들 속에서 우리는 늘 과거와 미래를 오가며 현재를 놓친다.

인터넷이 세상을 바꾼 이후, 우리는 정보의 홍수 속에서 살아간다. 눈과 귀뿐 아니라 피부로도, 심지어 냄새로도 정보를 받아들인다. 그리고 그 모든 자극이 걸러지지 않은 채 기억의 창고로 들어간다. 그 안에는 오래된 상처와 배신, 미움 같은 무겁고 어두운 기억들이 덩어리째 남는다.

기억의 창고는 무한하지 않다. 그래서 어느 순간부터는 '마음의 쓰레기'가 차오른다. 국민의 3분의 1이 우울증을 겪고, OECD 국가 중 자살률 1위를 기록하는 이유가 어쩌면 여기에 있을지도 모른다. 그렇다면 이 마음의 쓰레기를 어떻게 비워야 할까? 방법은 단 하나, 용서다.

나를 속였던 사람, 내 앞길을 막았던 사람, 나를 비난했던 사람, 그들에 대한 미움은 내 마음을 좀먹는 독이다. 그러나 그들을 용서하는 순간, 그 독은 사라진다. 마음의 쓰레기통이 비워지는 것이다. 물론 용서는 쉽지 않다. 하루아침에 미움을 사랑으로 바꿀 수는 없다. 그러나 길은 있다. 이제까지 고마워하지 못했던 이들조차 나의 삶을 가능하게 해준 존재였음을 인식하고, 그들을 향해 '감사'를 연습하는 것이다.

단 두 달이면 충분하다. 매일, 그들을 떠올리며 진심으로 감사해보자. 그러다 보면 어느 날 갑자기 머릿속에 번개처럼 스치는 순간이 온다. "아, 미워할 이유가 없구나." 그때부터 용서가 시작된다.

결국 용서는 남을 위한 일이 아니다. 내 마음의 평화를 되찾는 첫걸음이다.

감정의 쓰레기통을 비우는 첫 번째 스텝, 그것이 용서이며, 그 용서를 가능하게 하는 힘은 바로 진정한 감사다.

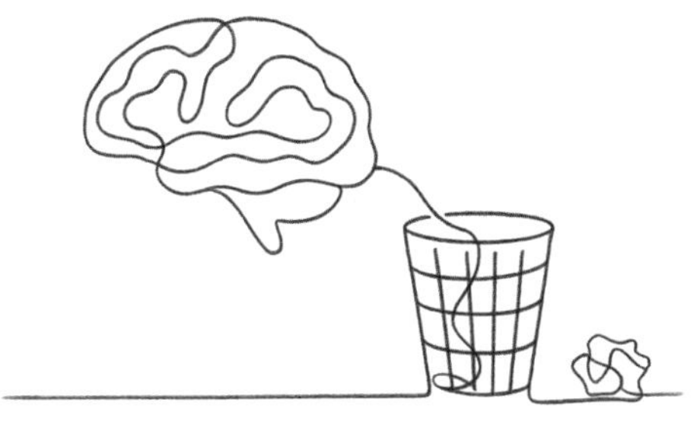

시작은 누구나 낯설다

시작하지 않으면 아무것도 달라지지 않는다

언제나 시작은 어렵고 낯설다. 무언가를 시작한다는 것은 변화를 의미하기 때문이다. 변화는 익숙함이 주는 안정감을 깨뜨리고 나의 루틴을 바꾸는 일이다. 나 역시 시작은 두렵다. 하지만 설렘도 있다. 작은 시작이 인생을 바꾸기도 하고, 예상치 못한 결말을 낳기도 한다.

인생은 타이밍이라 하지만, 완벽한 타이밍을 기다리다 놓치는 것보다 어렵고 낯설더라도 지금 시작하는 것이 훨씬 낫다. 큰 용기까지는 필요 없다. 이 책을 펼친 이 순간부터 당신은 이미 현실을 관통하는 세상의 이치를 받아들이고, '너'와 '나'의 구분이 없음을 알아차렸을 것이다. 그것만으로도 절반은 이룬 셈이다.

그러나 감정이라는 것은 늘 내 뜻대로 되지 않는다. 오늘 갑자기 매출이 뚝 떨어지면 가슴이 철렁하고, 좋았던 기분이 순식간에 사라진다. 짜증이 나고, 욱하는 감정으로 돌아간다. 타인을 향한 감사의 마음을 꾸준히 유지하는 일은 생각보다 어렵다. 그래서 연습이 필요하다.

화가 날 때, 내 앞에 있는 작은 노동의 산물들을 하나씩 의식해 보며 '연결의 흔적'을 떠올려보자. 잃은 것보다 아직 남아 있는 것들을 세어보는 것도 좋다. 그것을 반복할수록 감사는 내면의 기술로 자리 잡는다. 감사는 연습되는 기술이고, 근육처럼 단련되는 힘이다.

연습을 거듭할수록 우울했던 감정에서 감사로의 회복이 빨라진다. 움켜쥐었던 감정을 빠르게 놓게 되면서 짧은 시간 안에 고요한 상태로 돌아올 수 있다.

시작은 누구나 낯설고 언제나 어렵다. 낯설기에 연습이 필요하고, 어렵기에 노력이 필요하다.

조금 서툴고 어설프면 어떤가.

시작은 누구에게나 처음이다.

사색 포인트

감사는 감정이 아니라 '인식'에서 출발한다. 진짜 감사는 '좋아서' 느끼는 감정이 아니라, '보이기 시작할 때' 생겨나는 깨달음이다. 신에게 올리는 추상적인 기도도, 습관처럼 반복되는 사회적 예의도 아닌, 나의 삶을 실제로 가능하게 해준 존재들을 향한 인식의 행위가 되어야 한다.

대상을 향한 진정한 감사는 우리를 하나의 존재로 이어주는 열쇠다. 그러나 우리는 이런 기회를 너무 쉽게 흘려보낸다. 잠시 일을 멈추고 지금, '나'와 '너'를 함께 인지해보자. 내가 그들로부터 어떤 선물을 받아왔는지를 깨닫는 순간, 진정한 감사가 마음속에서 소용돌이치기 시작한다.

가까운 사람의 성공은 나를 작게 만드는 일이 아니다. 오히려 그것은 '나'의 성장으로 이어진다. 타인의 성공이 곧 나의 혜택이다. 남의 성취를 축하하는 일은 곧 내 삶을 확장하는 일이다. 그래서 '너'는 경쟁자가 아니라 동행자다. 이 사실을 마음 깊이 받아들일 때 비로소 우리는 진짜 행복을 배운다.

기억의 창고는 무한하지 않다. 그래서 어느 순간부터는 '마음의 쓰레기'가 차오른다. 마음의 쓰레기통을 비우는 것은 쉽지 않다. 이제까지 고마워하지 못했던 이들조차 나의 삶을 가능하게 해준 존재였음을 인식하고, 그들을 향해 '감사'를 연습하는 것이다. 단 두 달이면 충분하다. 매일, 그들을 떠올리며 진심으로 감사해보자. 감정의 쓰레기통을 비우는 첫 번째 스텝, 그것이 용서이며, 그 용서를 가능하게 하는 힘은 바로 진정한 감사다.

화가 날 때, 내 앞에 있는 작은 노동의 산물들을 하나씩 의식해 보며 '연결의 흔적'을 떠올려보자. 잃은 것보다 아직 남아 있는 것들을 세어보는 것도 좋다. 그것을 반복할수록 감사는 내면의 기술로 자리 잡는다. 감사는 연습되는 기술이고, 근육처럼 단련되는 힘이다. 시작은 누구나 낯설고 언제나 어렵다. 낯설기에 연습이 필요하고, 어렵기에 노력이 필요하다.

3장 마음은 기억을 담는 그릇

비우는 것이 시작이다

마음을 비워야 새로운 것이 자리잡을 수 있다

감사로 마음을 채웠다면, 이제는 그 마음을 지켜낼 차례다. 비우는 일은 잃는 것이 아니라 지켜내는 일이다. 채워진 마음을 오래 머물게 하려면, 먼저 쌓인 것들을 내려놓아야 한다. 어느 날, 무심코 방안을 둘러보다가 문득 생각했다. '이 물건이 언제부터 여기에 있었지?' 그렇게 시선을 돌리자 불필요한 물건들이 하나둘 눈에 들어왔다. 정리하고, 버리고, 다시 정돈하자 몸도 마음도 한결 가벼워졌다. 단지 공간을 비웠을 뿐인데 마음속까지 정리된 듯했다. '비움'이란 그렇게 단순한 행위를 넘어 마음을 정돈하는 힘을 지닌 일이다.

단순히 공간을 정리하고 불필요한 물건을 버렸을 뿐인데, 복잡했던 생각과 감정이 함께 정돈된 느낌이 드는 이유는 무엇일까? 우리는 살아가면서 끊임없이 정보와 감정, 그리고 수많은 자극 속에 노출되어 있다. 그 자극은 마음의 짐으로 쌓이고, 몸과 정신의 무게로 이어진다. 긍정과 부정이 공존할 때, 인간은 본능적으로 부정을 더 강하게 기억한다. 그것은 위험으로부터 자신을 보호하려는 생존의 장치지만, 그대로 두면 결국 마음을 피폐하게 만든다. 그러니 물리적인 공간을 정리하듯, 마음속 불필요한 감정들도 비워내야 한다.

살다 보면 누구나 한 번쯤 방향을 잃는다. 나 또한 그랬다. 삶의 의미를 잃고, 무엇을 위해 살아야 하는지 알 수 없던 시절이 있었다. 그 시절의 나는 앞만 보고 달리느라 내 마음의 상태를 들여다볼 틈이 없었다. 시골에서 도시로 올라와 사람들 틈에 섞여 살면서 누구보다 바쁘게 일했고, 누구보다 외로웠다. 사업의 위기도 두 번이나 겪었고, 눈앞이 막막해질 만큼 큰 빚을 진 적도 있었다. 다행히 그때마다 다시 일어서는 힘은 있었다. 하지만 어느 날 문득 느꼈다. 버티는 힘은 남았지만, 마음은 이미 무너져 있었다는 것을.

그 뒤로 2년간 나는 방황했다. 병원도 다니고, 약도 꾸준히 먹으며, 마음을 되돌리기 위해 할 수 있는 모든 노력을 다했다. 그래도 채워지지 않았다. 돈으로도, 성취로도, 인정으로도 마음의 공허는 메워지지 않았다. 오히려 텅 빈 마음만 남았다. 그렇게 시간을 흘려보내고 나서야 깨달았다. '마음공부'가 필요하다는 것을. 눈에 보이지 않지만, 모든 감정의 근원이 되는 마음, 그 마음을 이해하지 못하면 아무리 바깥세상을 정리해도 내면의 혼란은 사라지지 않는다.

그때부터 나는 마음속 쓰레기를 하나씩 버리기 시작했다. 미움, 비교, 불안, 두려움, 내가 붙잡고 있던 것들이 오히려 나를 짓누르고 있었다는 걸 그제야 알았다. 버려야 비로소 새로운 것을 담을 수 있다. 비워야 본질이 드러난다.

마음을 비우면 세상은 단순해지고, 삶은 한결 가벼워진다. 그리고 그제야 진짜 나의 목소리가 들린다.

'마음공부'를 위한 첫걸음, 그 시작은 언제나 '비움'이다.

마음은 기억을 담는 그릇

당신의 그릇에는
무엇이 담겨 있습니까

나는 보이지 않지만 인생을 살아가는 모든 것을 좌우하는 '마음'이 늘 궁금했다. 사전에서 마음을 찾아보면 감정이나 기억, 사고가 깃들거나 생겨나는 곳이라 정의되어 있다. 하지만 나는 조금 다르게 말하고 싶다.

마음은 '기억을 담은 그릇'이다. 그 안에는 수많은 장면이 담겨 있고, 그 장면마다 감정이 깃들어 있다. 기쁨도 있고, 분노도 있으며,

사랑도 있고, 실망도 있다. 누군가에게 느꼈던 애틋한 감정, 혼자 흘렸던 눈물, 끝내 해명하지 못한 오해까지, 그 모든 것이 마음 안에 고스란히 남아, 마치 오래된 필름처럼 반복 재생된다.

같은 사건을 겪어도 누군가는 배움을 건져 올리고, 또 다른 누군가는 상처만을 남긴다. 그 차이는 기억을 어떻게 '선택하고 저장하느냐'에서 비롯된다. 그리고 바로 그 선택의 순간, 즉 '첫 번째 기억'이 이후의 삶을 결정짓는 출발점이 된다.

낯선 사람이 한 아이에게는 사탕을 주며 다가오고, 또 다른 아이에게는 무뚝뚝하고 거친 말투로 말을 걸었다고 상상해보자. 두 아이 모두 처음 겪는 장면이라면, 시간이 흘러 비슷한 상황을 다시 마주했을 때 첫 번째 아이는 그때의 따뜻한 기억을 떠올리며 기분 좋게 길을 안내할 것이다. 그러나 두 번째 아이는 그때의 두려움을 덧씌워, 낯선 사람만 봐도 마음을 닫을 것이다.

이처럼 어떤 일을 처음 마주했을 때, 그 기억이 어떤 감정과 함께 편집되어 저장되느냐가 중요하다. 첫 기억이 감사와 이해로 담기면, 비슷한 상황이 와도 우리는 그때의 감사로 현재를 해석한다. 하지만 첫 기억이 상처나 분노로 덮이면, 우리는 현재의 순간에도 과거의 아픔을 다시 불러낸다.

마음은 이렇게 '처음 저장된 기억의 틀'을 반복 재생하며 지금을 해석한다. 그래서 첫 기억의 편집은 단순한 순간이 아니라, 인생의 방향을 바꾸는 분기점이다. 그 첫 순간이 감사의 기억으로 남는다면, 세상은 훨씬 따뜻하게 보일 것이다.

기억의 편집자는 언제나 '나'다. 내가 나의 하루를 위해 움직인 수많은 사람들을 인식한다면, 그 장면은 자연스럽게 감사의 기억으로 편집된다. 그러나 이미 상처 입은 마음이라면 어떻게 해야 할까. 깨진 그릇은 다시 쓸 수 없다고들 하지만, 마음이라는 그릇은 다르다. 마음은 스스로 회복하는 힘을 가지고 있으며, '감사'라는 운동을 통해 근육처럼 다시 단단해질 수 있다.

어떤 고통은 나를 조금 더 강하게 만들었고, 어떤 오해는 나의 언어를 조심스럽게 만들었으며, 어떤 이별은 소중한 것을 더 깊이 알게 해주었다. 결국 마음은 그렇게 '감사'를 매개로 스스로 회복한다. 중요한 것은 '감사'가 있어야 가능하다는 것이다. 같은 기억도 감사로 담으면 자원이 되고 에너지가 되지만, 원망으로 담으면 상처가 되고 독이 된다. 과거는 바꿀 수 없어도, 그 과거를 바라보는 나의 태도는 언제든 바꿀 수 있다. 그러니 마음이라는 그릇에 무엇을 담을지는 전적으로 자신의 선택이다.

나는 가끔 이런 생각을 한다. '마음 사용법'을 어릴 때부터 배울 수 있다면 얼마나 좋을까. 아이들은 모든 것을 처음 겪는다. 그렇기에 처음부터 기억을 다루는 방식을 배운다면 훨씬 건강한 마음으로 살아갈 수 있을 것이다. 그러나 학교는 그것을 가르치지 않고, 사회는 침묵한다. 우리는 그렇게 때늦은 회복 속에서 어른이 되어간다.

하지만 늦지 않았다. 마음이라는 그릇은 언제든 새로 담을 수 있다. 감사를 배우는 순간, 상처는 기억으로 정제되고, 그 기억은 다시 마음을 단단하게 만든다. 결국 마음이란, 어떻게 기억하고 어떤 감정을 붙이며, 다시 어떻게 바라보느냐에 따라 전혀 다른 이야기를 써 내려가는 공간이다. 마음이 건강하다는 것은 기억이 건강하다는 뜻이며, 기억이 건강하다는 것은 감정을 억누르지 않고 수용하며 흘려보낼 줄 안다는 뜻이다.

당신의 마음속은 지금 무엇으로 채워져 있는가. 그 기억은 당신에게 어떤 영향을 주고 있는가. 그리고 지금, 그 기억 앞에서 당신은 어떤 감정을 선택하고 있는가. 당신은 당신 기억의 편집자다. 무엇을 남기고, 무엇을 덜어낼지를 결정하는 사람은 바로 당신이다. 부디 행복한 기억 위에 건강한 내일을 쌓아 올렸으면 좋겠다. 그래야 놀랍도록 변화된 당신의 인생을 만날 수 있을 테니까.

마음은 우리가 살아낸 날들을
담아내는 편집실이자,
그 장면들을 다시 조율하는
연습장이다.

소진증후군에 빠진 뇌는 아프다

번아웃은 방전된 뇌에서 보내는 구조 신호다

> AI는 우리 종의 역사뿐만 아니라 모든 생명체의 진화 경로를 바꿀지도 모른다.
>
> \- 유발 하라리 -

세상은 하루가 다르게 변하고 있다. AI와 데이터가 인간의 사고보다 먼저 움직이는 시대. 우리는 편리함을 얻었지만 그만큼 더 빠르게 지쳐가고 있다. AI는 인간이 만든 도구지만 이제는 인간이 예측할 수 없을 만큼의 속도로 스스로 학습하고 확장한다. 인간은 잠시라도 쉬지만 AI는 결코 멈추지 않는다.

그래서일까. 세상은 끊임없이 돌아가고, 우리는 그 속도를 따라잡기 위해 안간힘을 쓴다. 나 역시 그 속도 앞에서 가끔 두려움을 느낀다. 하루가 다르게 등장하는 새로운 기술들, 변화의 속도에 휩쓸리지 않기 위해 끝없이 배우고 적응해야 하는 시대의 압박감이 숨을 막히게 할 때가 있다.

시대의 흐름은 막을 수 없다. 그렇다고 그 속도를 따라잡기 위해 내 모든 에너지를 쏟을 필요도 없다. 에너지가 고갈되면 결국 포기하게 되고, 그때 우리는 자신을 잃는다.

살아오면서 우리가 겪는 실패의 대부분은 의지가 부족해서가 아니라, 에너지를 모두 소비해 버렸기 때문이라고 생각한다. 다시 일어설 힘이 남지 않아 손을 놓게 되는 것, 그것이 번아웃의 본질이다. 예전엔 생소했던 '소진증후군'이 이제는 WHO에서 질병으로 분류될 만큼 흔한 시대가 되었다.

충전 없이 계속 사용한 핸드폰이 중요한 순간에 꺼져버리듯, 쉬지 못한 뇌는 결국 신호를 보낸다. 번아웃은 방전된 뇌가 보내는 마지막 구조 요청일지도 모른다. 그 신호를 무시하지 말고, 잠시 멈춰 스스로에게 회복의 시간을 허락해야 한다.

뇌는 우리 몸에서 가장 많은 에너지를 소비하는 기관이자, 동시에 가장 많은 정보를 처리하는 공간이다. 특히 '눈'을 통해 들어오는 정보는 전체 감각의 80% 이상을 차지한다. 문제는 이 정보들이 걸러지지 않은 채 모두 기억의 창고로 들어간다는 것이다. 시각·청각·촉각·후각·미각을 통해 쏟아지는 정보와 자극이 누적되면 뇌는 과열되고, 결국 시스템 오류가 난다.

판단력이 떨어지고, 집중이 흐려지고, 아무 이유 없이 피로가 몰려온다. 때로는 특별한 이유 없이 두통이 찾아오기도 한다. 그럴 땐 신호를 알아차려야 한다. 잠시라도 쉬어야 한다는 뇌의 SOS다. 단 5분이라도 눈을 감고 생각을 멈추면, 뇌는 그 짧은 틈 사이에서 회복을 시작한다.

뇌가 건강하지 않으면 몸의 에너지도 빠르게 소진된다. 그런데 우리는 끊임없이 화면을 보고, 정보를 입력하며 스스로의 뇌를 과열시킨다. 판단이나 결론 없이 머릿속을 떠도는 정보들이 뇌를 더욱 피로하게 만든다. '어떻게 해야 할까?'를 반복하며 결정을 미루는 것도 같은 이유다. 백열전구로 비유하자면 평소 세 개가 켜진 상태가 정상이라면 지금 우리의 뇌는 열 개가 동시에 켜져 있는 과열 상태다.

하루 한 시간이라도 좋다. 아무 생각 없이 눈을 감자. 그 짧은 고요 속에서 뇌는 비로소 쉼을 배운다. 생각을 줄일수록 머리는 맑아지고, 감각은 깨어난다. 감탄과 찬사를 보낼 만큼 놀랍게도, 집중력은 되살아난다. 뇌는 생각을 줄일수록 건강해진다.

눈을 막으면

마음이 쉬고

마음이 쉬면

뇌가 회복된다.

상대방에게 도착하는 보이지 않는 메시지

서로를 향한 마음은
보이지 않는 파동이 되어 서로에게 닿는다

가끔 그런 날이 있다. 이유 없이 누군가가 떠오르고, '오늘은 연락해 볼까'라고 생각한 바로 그때 그 사람에게서 전화가 온다. 우연이라 하기엔 신기하고, 계획이라 하기엔 설명하기 어렵다. 하지만 이런 경험은 누구에게나 있다.

혹자는 그것을 '텔레파시'라고 부르지만, 실은 더 단순하고 명확한 원리가 있다. 그것은 바로 뇌파의 힘이다. 감정이나 생각은 눈에 보이지 않아도 파동처럼 퍼져 나간다. 내가 누군가를 떠올리면, 그 마음의 진동이 공기처럼 흘러가고, 상대는 그 진동을 미세하게 감지한다. 마치 같은 주파수의 음악이 맞닿을 때 울림이 커지는 것처럼, 마음과 마음도 같은 파동 안에서 서로를 느낀다.

때로는 내가 먼저 떠올린 것이 아니라, 그 사람의 파동이 내게 닿은 것일지도 모른다. 우리는 모두 연결된 존재이기 때문이다. 마음이 움직이면 뇌는 전기적 신호를 만들어낸다. 그 미세한 신호가 바로 뇌파이며, 우리가 세상과 소통하는 가장 근본적인 언어다.

뇌파는 단순히 신경의 작용이 아니라, 감정의 에너지다. 기쁨이나 사랑은 밝고 맑은 파동을 만들고, 불안과 분노는 무겁고 탁한 진동을 만든다. 한 사람의 기분이 방 안의 공기를 바꾸는 이유도 이 때문이다. 인간의 뇌는 끊임없이 파동을 주고받으며 서로의 에너지를 교환한다. 그것이 우리가 '느낌이 좋다.', '왠지 마음이 편하다.'라고 말하는 이유다.

'말이 씨가 된다.'는 속담은 이 사실을 간단히 설명한다. 우리의 말과 생각은 머릿속에서 끝나지 않는다. 그것은 실제로 뇌파의 형태로 진동하고, 그 진동은 내 행동을 바꾸며 현실을 움직인다. 그래서 좋은 생각을 품으면 주변이 부드러워지고, 원망과 불안에 사로잡히면 세상은 점점 거칠어지는 것이다.

이제 과학도 이 현상을 뒷받침한다. 연구에 따르면 긍정적인 감정 상태일 때 뇌파는 안정되고, 세로토닌 같은 '행복 호르몬'의 분비가 증가한다. 반대로 스트레스와 분노는 뇌파를 불안정하게 만들어 몸의 긴장과 피로를 가중시킨다. 결국 좋은 뇌파는 건강한 몸과 마음을 만들고, 그 에너지가 주변으로 흘러나가 사람과 사람, 상황과 상황을 바꾼다.

나 역시 그 변화를 직접 경험했다. 세상과 사람들에게 진심으로 감사하기 시작한 뒤, 일도 관계도 놀라울 만큼 달라졌다. 제품이 바뀐 것도, 운이 좋아진 것도 아니었다. 단지 내 마음이 달라졌을 뿐이었다. 그때부터 세상이 나를 다르게 대했다. 거래처에서 먼저 연락이 오고, 새로운 제안이 이어졌다. 한 번은 미팅을 온 거래처 담당자에게 제품 이야기를 하지 않고, 내가 믿는 철학과 감사의 힘에 대해 먼저 이야기했다. 그 사람은 제품보다 내 이야기에 더 큰 신뢰를 보냈다. 그 순간 분명히 느껴졌다. 내가 품은 진심 어린 감사가 뇌의 파동을 타고 흘러가, 상대의 마음을 조용히 움직이고 있었다.

마음이 맑아지면 생각이 맑아지고, 생각이 맑아지면 세상이 달라진다. 좋은 마음에서 나온 에너지는 언제나 되돌아온다. 세상은 마음의 파동에 반응한다. 내가 바뀌면 세상도 변한다. 그 모든 변화의 근원에는 하나의 힘이 있었다. 그것은 바로 '감사'다.

감사는 뇌의 언어이자, 마음이 세상에 보내는 가장 순수한 신호다. 감사의 상태일 때 우리의 뇌파는 가장 맑고 안정된 주파수를 낸다. 그래서 감사는 단순한 감정이 아니라, 세상을 움직이는 실질적인 에너지다. 우리가 '우연'이라 부르는 많은 일들은 사실 그 파동이 만들어낸 결과다. 기적은 멀리 있지 않다. 당신의 마음이 감사로 진동하는 순간, 세상은 반드시 그에 응답한다.

우리는 태어날 때
한정된 에너지를 가지고
이 세상에 온다.

그 에너지를 부정적인 생각에 쓰기엔
인생은 너무 짧고도 소중하다.
좋은 생각만으로도 인생은 늘 부족하다.

생각을 줄이면 뇌파가 좋아진다

우리는 생각보다 훨씬 강력한 뇌파의 힘을 가지고 있다

우리의 뇌는 끊임없이 파동을 만들어내며 몸과 교감하고, 행동을 조율하며, 외부의 정보를 받아 감정을 만들어낸다. 그 감정은 긍정이든 부정이든, 기쁨이든 열정이든 모두 에너지가 되어 우리 안을 채운다.

요즘은 메시지나 화상회의로 사람을 만나는 일이 많아졌다. 하지만 나는 여전히 직접 만나 이야기 나누는 방식을 선호한다. 아무리 일적인 만남이라도, 눈앞의 사람을 보고 느낄 때 비로소 진짜 소통이 이루어진다고 믿기 때문이다. 얼굴을 마주하면 표정과 말, 그리고 그가 내뿜는 에너지를 통해 마음이 교류한다.

짧은 만남에도 긍정적인 기운을 전하는 사람이 있는가 하면, 어딘가 무겁고 답답한 파동을 남기는 사람도 있다. 우리가 어떤 생각을 품는가에 따라 그 진동이 상대에게 전달된다. 말과 행동은 얼마든지 꾸밀 수 있지만, 마음속에서 일어나는 파동은 숨길 수 없다. 뇌는 쉼 없이 주변의 정보를 받아들이며 파동을 만들어내기 때문이다.

그렇다면 나는 지금 어떤 파동을 내보내고 있을까. 좋은 에너지를 전하는 사람으로 살아가는 일은 결국 나를 위한 일이다. 세상은 언제나 나의 파동에 반응하기 때문이다.

물론 언제나 좋은 파동만 내보내기는 어렵다. 왜냐면 누구에게나 에너지가 바닥나는 시기가 있기 때문이다. 그럴 때 진짜로 위험한 것은 몸의 병이 아니라 마음의 지침이다. 마음이 지치면 모든 에너지가 흐트러지고, 작은 일에도 쉽게 무너진다. 오늘날 급증한 정신질

환과 범죄의 배경에도 바로 이 지친 마음이 있다. 결국 회복의 핵심은 몸이 아니라 마음이다. 마음이 안정될 때, 비로소 긍정의 에너지가 흘러나오고 현실도 조금씩 달라지기 시작한다.

그렇다면 어떻게 해야 좋은 에너지를 만들 수 있을까? 답은 이미 우리 안에 있다. 인간에게는 스스로 회복하는 힘, 즉 자연치유력이 존재하며, 그 힘을 깨우는 열쇠가 바로 뇌파의 안정이다. 쓸데없는 생각을 멈추고, 부정적인 감정을 내려놓는 순간 뇌는 제자리를 찾고, 그때부터 회복이 시작된다.

뇌는 몸을 움직이는 사령탑이자, 마음과 연결된 컨트롤 타워다. 뇌가 건강하면 몸이 회복되고, 마음이 맑아진다. 그래서 현대의학에서도 뇌파를 이용한 심신 회복 치료가 더 이상 선택이 아니라 필수가 되어가고 있다.

이제 우리에게 필요한 건 단 하나, 생각을 줄이는 연습이다. 불필요한 정보를 차단하고, 뇌가 쉴 수 있는 시간을 주어야 한다. 생각이 줄어드는 만큼 뇌파는 고요해지고, 그 고요 속에서 마음은 회복된다. 마음의 쉼이 깊어질수록 세상을 바라보는 시선과 내면의 구조가 달라진다.

그래서 '마음공부'가 필요하다. 마음공부는 머릿속의 부정적인 생각을 비워내고, 그 자리에 긍정의 에너지를 채우는 과정이다. 정신을 안정시키는 일이 아니라, 생각의 공간을 정화하고 다시 설계하는 일이다.

그 출발점이 바로 명상이다.

명상은 단순히 눈을 감는 행위가 아니라, 생각의 눈을 감는 일이다. 잡념이 떠올라도 괜찮다. 다시 내려놓고, 다시 비우면 된다.

그 반복 속에서 뇌파는 점점 맑아지고, 마음은 고요해진다. 그때 비로소 뇌와 마음이 하나로 연결되고, 삶은 새로운 리듬을 찾는다.

사색 포인트

감사로 마음을 채웠다면, 이제는 그 마음을 지켜낼 차례다. 비우는 일은 잃는 것이 아니라 지켜내는 일이다. 채워진 마음을 오래 머물게 하려면, 먼저 쌓인 것들을 내려놓아야 한다. 마음을 비우면 세상은 단순해지고, 삶은 한결 가벼워진다. 그리고 그제야 진짜 나의 목소리가 들린다. '마음공부'를 위한 첫걸음, 그 시작은 언제나 '비움'이다.

당신은 당신 기억의 편집자다. 무엇을 남기고, 무엇을 덜어낼지를 결정하는 사람은 바로 당신이다. 부디 행복한 기억 위에 건강한 내일을 쌓아 올렸으면 좋겠다. 그래야 놀랍도록 변화된 당신의 인생을 만날 수 있을 테니까. 마음은 우리가 살아낸 날들을 담아내는 편집실이자, 그 장면들을 다시 조율하는 연습장이다.

하루 한 시간이라도 좋다. 아무 생각 없이 눈을 감자. 그 짧은 고요 속에서 뇌는 비로소 쉼을 배운다. 생각을 줄일수록 머리는 맑아지고, 감각은 깨어난다. 감탄과 찬사를 보낼 만큼 놀랍게도, 집중력은 되살아난다. 뇌는 생각을 줄일수록 건강해진다. 눈을 막으면 마음이 쉬고, 마음이 쉬면 뇌가 회복된다.

감사는 뇌의 언어이자, 마음이 세상에 보내는 가장 순수한 신호다. 감사의 상태일 때 우리의 뇌파는 가장 맑고 안정된 주파수를 낸다. 그래서 감사는 단순한 감정이 아니라, 세상을 움직이는 실질적인 에너지다. 우리가 '우연'이라 부르는 많은 일들은 사실 그 파동이 만들어낸 결과다. 기적은 멀리 있지 않다. 당신의 마음이 감사로 진동하는 순간, 세상은 반드시 그에 응답한다.

마음공부는 머릿속의 부정적인 생각을 비워내고, 그 자리에 긍정의 에너지를 채우는 과정이다. 정신을 안정시키는 일이 아니라, 생각의 공간을 정화하고 다시 설계하는 일이다. 그 출발점이 바로 명상이다. 명상은 단순히 눈을 감는 행위가 아니라, 생각의 눈을 감는 일이다. 잡념이 떠올라도 괜찮다. 다시 내려놓고, 다시 비우면 된다. 그 반복 속에서 뇌파는 점점 맑아지고, 마음은 고요해진다. 그때 비로소 뇌와 마음이 하나로 연결되고, 삶은 새로운 리듬을 찾는다.

4장 국가와 과학이 먼저 움직이기 시작했다

국가와 과학이 먼저 움직이기 시작했다

명상은 어떠한 예방 백신보다 확실하고 어떠한 감시 시스템보다도 섬세하다

한때 명상은 그저 눈을 감고 조용히 앉아 마음을 다독이는 개인의 시간으로 여겨졌다. 지친 하루의 끝에 감정을 정리하고 스스로를 위로하는 행위, 그저 잠시의 쉼이었다. 그러나 지금, 명상은 그 자리를 훌쩍 넘어섰다. 세계는 이제 명상을 새로운 시선으로 바라보고 있다. 교육, 의료, 복지, 정책의 영역에서 명상은 하나의 과학적 도구로 주목받고 있기 때문이다.

2019년, 영국 의회는 전례 없는 결정을 내렸다. 전국 370개 학교, 약 2만 8천 명의 학생들에게 명상과 호흡, 이완 훈련을 도입한 것이다. 단순한 체험 프로그램이 아니라, 아이들의 감정 조절력과 행복지수가 어떻게 변화하는지를 과학적으로 검증하기 위한 국가 연구였다. 런던대학교(UCL)와 안나 프로이트 정신건강연구소가 연구를 이끌었고, 정부는 국가 예산을 직접 투입했다. 국가가 처음으로 마음의 변화를 측정하고 관리하기 시작한 것이다.

이 흐름은 분명한 메시지를 던진다. 정신건강은 더 이상 개인이 혼자 감당할 문제가 아니라, 국가가 함께 개입하고 치유해야 할 공공의 영역이라는 사실이다.

이후 영국 국립보건서비스(NHS)는 명상 기반 인지치료를 우울증과 불안장애 초기 치료의 공식 가이드라인에 포함시켰다. 약물 없이도 재발률을 40% 이상 낮출 수 있다는 평가를 받은 이 치료법은 심리 위로를 넘어 의학적으로 검증된 회복의 방식으로 자리 잡았다.

또한, 정부는 명상 전문가 1,200명을 양성하는 5개년 계획을 세웠고, 보건정책위원회는 '인지치료에 연간 1,000만 파운드를 투자하면 사회적 비용이 15배 절감된다.'는 분석을 내놓았다. 영국은 이제 명상을 '마음챙김'의 차원을 넘어 국가 자산으로 보고 있다.

미국 역시 같은 방향으로 나아가고 있다. 하버드 의대 연구팀은 8주간의 명상 프로그램을 마친 참가자들의 뇌를 MRI로 분석했다. 그 결과, 기억과 학습을 담당하는 해마의 밀도는 증가하고, 스트레스 반응을 관장하는 편도체는 눈에 띄게 위축되었다. 명상이 뇌의 구조 자체를 바꾼다는 이 연구 결과는, 명상이 더 이상 추상적 개념이나 종교적 믿음이 아닌 신경과학적으로 입증된 훈련임을 보여준다.

미국 국립정신건강연구소(NIMH) 역시 인지치료가 반복성 우울증의 재발률을 40% 이상 낮춘다는 데이터를 바탕으로 이를 국가 치료 가이드라인에 포함시켰다. 지금 미국, 영국, 캐나다 등 주요 국가는 명상을 공공 의료 체계 안에 하나의 치료 방식으로 통합하고 있다.

명상은 특정한 사람들에게만 필요한 도구가 아니다. 한 연구에 따르면 직장인이 하루 20분씩 두 달간 명상을 실천했을 때 스트레스는 평균 38% 감소했고, 업무 집중력은 28% 향상되었다. 분노와 불안은 40% 감소했으며, 대인관계 만족도는 50% 이상 높아졌다. 이 모든 수치가 말해준다. 명상은 단순히 고통을 달래는 기술이 아니라, 삶의 질을 근본적으로 끌어올리는 방법이라는 것을.

하지만 과학적 데이터보다 더 먼저, 우리는 스스로에게 물어야 한다. 도대체 무엇이 우리를 이렇게 지치게 만들었을까. 왜 우리는 서로 분리된 존재처럼 느끼며 살아가고 있을까. 많은 사람들이 명상이나 참선 수련에 관심을 가지고 참여하지만, 기대만큼의 변화를 체감하지 못하기도 한다.

이유는 단순하다. 준비되지 않은 상태에서 명상에 들어가기 때문이다. 몸과 마음에 쌓인 수많은 찌꺼기를 씻어내지 않은 채 명상에 들어가면, 그것은 잠시의 휴식에 머문다.

마음속 불순물이 비워질 때 비로소, 이미 존재하던 고요한 '나'로 돌아갈 수 있다.

우리는 서로 다르지만 결코 분리된 존재가 아니다. 너와 나는 하나의 생명 구조 안에서 연결되어 있다. 세상은 관계로 엮여 있으며, 그 안에서 우리는 서로의 일부로 살아간다. 누군가의 상처는 결국 모두의 상처가 되고, 한 사람의 회복은 공동체 전체의 회복으로 번져간다. 미움도, 질투도, 원망도 결국은 '분리'라는 착각에서 비롯되기 때문이다.

너와 나를 분리된 존재로 보기 시작하는 순간 비교가 생기고, 비교는 시기와 분노를 만든다. 그러나 타인의 고통 속에서 나의 상처를 보고, 타인의 눈물 속에서 나의 감정을 읽을 수 있다면 우리는 미워할 수 없다. 대신 함께 살아간다는 사실에 감사하게 된다. 나의 하루를 위해 수많은 사람들의 노력이 연결되어 있음을 자각할 때, 연대의 감각이 피어난다.

명상은 바로 그 인식 위에서 이루어져야 한다. 나 혼자만의 평온을 위한 도구가 아니라, 우리 모두의 삶을 회복시키는 연습이어야 한다. 나의 쉼이 타인의 평화로 이어지고, 타인의 안정이 나의 행복으로 이어질 때, 명상은 개인의 습관을 넘어 사회의 책임이 된다.

지금 우리 사회는 단순히 피로한 것이 아니다. 병들고, 무너지며, 고립되고 있다. 우울증, 불안장애, 공황장애 등 정신질환의 통계는 매년 최고치를 경신하고 있다. 문제는 이 고통이 개인의 내부에만 머물지 않는다는 것이다. 돌봄 받지 못한 감정은 결국 사회적 위험으로 번진다.

최근 급증한 '묻지마 범죄'와 강력 사건들에도 공통점이 있다. 반복된 소외, 끝없는 고립, 누구에게도 드러낼 수 없었던 무기력과 분노,

치유받지 못한 우울과 무관심 속에서 방치된 마음은 결국 자신과 타인을 향해 폭력으로 터져 나온다. 이 현상은 더 이상 우연이 아니다. 예고된 파국이며, 충분히 예방할 수 있었던 비극이다.

그래서 명상과 마음 돌봄은 이제 단순한 치유의 도구가 되어서는 안 된다. 명상은 회복의 기술을 넘어 폭주 직전의 마음을 붙잡는 마지막 장치다.

그것은 어떤 예방 백신보다 확실하고, 어떤 감시 시스템보다 섬세하다. 누군가의 마음이 완전히 무너지기 전에 스스로 자기 안의 신호를 감지하도록 돕는 것, 그 방법이 바로 명상이다.

명상은 더 이상 선택이 아니다

정신건강은 이제
개인 혼자 짊어질 문제가 아니다

명상이 수행의 영역처럼 들릴 수 있지만, 사실 누구나 어렵지 않게 시작할 수 있다. 마음을 고요히 하고 자신에게 집중하는 일이 처음에는 낯설고 어색하게 느껴질 수 있다. 어디서부터 시작해야 할지, 어떻게 해야 제대로 하는 것인지 막막할 때도 있다. 그러나 반복적인 수련을 통해 자각의 순간은 반드시 찾아온다. 나 역시 여러 번의 시행착오 끝에 생각을 멈추고 머리를 비우는 법을 배울 수 있었다. 그러니 겁내지 말고, 그저 시작하면 된다.

꾸준하게 명상을 하면 머리는 맑아지고, 세상이 다르게 보이기 시작한다. 점차 행복감이 되살아나고, 본질과 본성에 대한 이해가 깊어진다. 이 경험은 시작에 불과하다. 생각을 멈추는 연습은 습관이 되어, 삶을 변화시키는 강력한 도구로 자리 잡는다.

나는 지면을 빌려 질문을 던지고 싶다. '내가 행복해야 모두가 행복하고, 당신이 행복해야 모두가 행복해지는 이 회복의 시스템을 만들기 위해, 지금 국가의 각 부처는 무엇을 하고 있는가.'

이 질문이 고요 속 외침이어도 좋다. 혼자만의 외침이어도 상관없다. 언젠가는 이 울림이 커다란 파동이 되어 사회를 감싸 안는 에너지로 번질 테니까. 이런 나의 질문을 통해 우리는 조금씩, 그러나 확실히 해답을 찾아가게 될 것이다.

먼저 보건복지부는 이 흐름의 중심축을 맡아야 한다. 국민의 정신건강을 관리하고 회복을 위한 정책을 설계하는 이 부처가 명상을 더 이상 가볍게 여겨서는 안 된다. 이미 여러 나라에서 정신건강복지센

터에 명상 기반 프로그램을 도입했고, 그 효과는 과학적으로도, 경제적으로도 입증되었다. 보건소나 지역 복지기관, 정신건강센터를 통해 누구나 쉽게 접근할 수 있는 명상 인프라를 구축하는 일은 이제 선택이 아니라 의무다. 정신질환은 예방이 무엇보다 중요하며, 그 예방의 가장 실질적인 수단이 명상임을 국가가 먼저 선언해야 한다.

교육부 역시 핵심이다. 아이들이 어린 시절부터 마음을 다스리는 법을 배우는 것은 지식을 쌓는 일보다 먼저 가르쳐야 할 삶의 기술이다. 명상을 통해 아이들에게 감정 조절 능력을 길러주고, 또래 관계 속에서 건강한 유대를 형성하도록 도와야 한다. 수업이나 체험활동, 아침 조회와 같은 일상적인 교육 틀 안에서 자연스럽게 마음 돌봄이 스며들게 해야 한다. 감정의 회복력이 아이들의 성장 환경과 함께 자라날 수 있도록 만드는 것, 그것이 교육의 책무이며 교육부의 시대적 역할이다.

문화체육관광부 또한 빠질 수 없다. 명상은 이제 문화다. 몸을 돌보는 운동이 있다면, 마음을 돌보는 운동도 있어야 한다. 국민 누구나 일상 속에서 자연스럽게 명상을 접할 수 있도록 문화센터, 공공도서관, 생활체육시설 등 공공공간에 명상 콘텐츠를 결합해야 한다. 지역 축제나 관광 프로그램, 힐링 콘텐츠 안에서 명상은 더없이 실용

적이고 매력적인 자원이 될 수 있다. 명상이 일상이 되는 사회, 그것은 문화가 어떻게 정의되느냐에 달려 있다.

고용노동부는 우리 사회에서 가장 지친 이들을 향해야 한다. 수많은 직장인이 번아웃과 정서적 탈진을 겪고 있는 지금, 일터는 단지 노동을 제공하는 공간이 아니라 마음이 숨 쉴 수 있는 장소가 되어야 한다. 조직 내 명상 프로그램은 스트레스를 줄이고, 갈등을 완화하며, 업무 효율을 높일 수 있다는 연구 결과도 이미 충분하다. 이는 기업을 위한 복지가 아니라 사람을 위한 복지다. 그 설계와 실행은 고용노동부가 책임져야 한다.

행정안전부는 이 모든 흐름을 지역 사회로 연결하는 가교가 되어야 한다. 복지관과 행정복지센터, 마을 공동체 안에서 이웃과 함께 앉아 잠시 숨을 고르는 시간, 그것이 진짜 회복의 시작점이 될 것이다. 정서적 안정은 사치가 아니라 지역의 안전을 지탱하는 근본이다. 명상이 특정 계층이나 대도시에만 머물지 않도록, 누구나 접근 가능한 생활 기반의 명상 인프라를 구축하는 것. 그것이 행정안전부가 내다보아야 할 복지의 미래다.

그리고 나는 또 하나의 질문을 던지고 싶다. 대통령은 국민의 정신적 안정과 건강을 위해 무엇을 해야 하는가. 대통령의 자리는 국민이 세운 자리이며, 그 존재의 이유는 단 하나, 국민을 위함이다. 진심으로 국민을 생각하는 지도자라면, 사람들이 무엇 때문에 고통받고 어디에서부터 무너지고 있는지를 직시해야 한다. 정책을 위한 정책이 아니라, 사람을 위한 시선을 가져야 한다. 지금 이 시대를 살아가는 사람들이 왜 병들고, 왜 단절되며, 왜 분노하는지를 온전히 마주할 수 있어야 한다.

그 시작은 마음을 묻는 것이다. 국민은 정말 괜찮은가. 아이는 웃고 있는가. 부모는 안심하고 있는가. 청년은 여전히 꿈을 꾸고 있는가. 대통령이 해야 할 일은 명확하다. 마음이 무너지는 이 사회를 다시 일으키기 위해 각 부처가 제 역할을 다하도록 조율하고, '회복'이라는 국가 의제를 흔들림 없이 이끌어가는 것. 그리고 무엇보다 국민을 하나의 존재로만 대하는 것이 아니라, 하나의 마음으로 느낄 수 있도록 노력해야 한다.

진심은 전염된다. 따뜻한 한 사람의 인식이 다음 사람의 감각을 바꾸고, 다시 또 다른 사람의 마음을 흔든다. 그 울림이 대통령에게서 시작된다면, 이 사회는 충분히 변할 수 있다.

명상은 조용히 앉는 일이 아니다. 오히려 깨어 있는 연습이다. 나를 살피고, 타인을 이해하며, 세상과 연결되는 일이다. 그 과정 속에서 우리는 결국 '우리'를 만나게 된다.

우리는 혼자가 아니다. 우리는 함께 존재하며 '우리'라는 이름으로 연결되어 있다. 그 인식에서 출발할 때 우리는 분노 대신 연민을, 경쟁 대신 연대를, 두려움 대신 사랑을 선택할 수 있다. 이것이야말로 지금 우리 사회가 진정으로 회복해야 할 방향이라고 나는 믿는다.

이제 우리에게 필요한 것은 단지 한 사람의 치유가 아니다. 모두의 회복이다. 그리고 그 회복은 분리의 환상을 걷어내는 일에서 시작된다.

명상은 더 이상 조용한 사적인 습관이 아니라, 우리가 우리답게 살아가기 위해 반드시 회복해야 할 삶의 태도다. 그리고 지금이야말로 그 첫걸음을 내딛기에 가장 좋은 때다.

정부 부처에게 던지는 나의 질문이
고요 속 외침이어도 좋다.
혼자만의 외침이어도 상관없다.

언젠가는 그 외침이 커다란 파동이 되어
사회를 감싸는 에너지로 번져갈 테니까.

그날까지 나는 묻고 또 묻는다.
이 사회는 지금 어디로 가고 있는가.

뇌파를 안정시켜주는
'마음공부' 도구

'마음공부' 도구는
사회와 인류를 위해 반드시 필요하다

인간은 본디 행복하고 건강하게 살아가기를 바라는 존재다. 육체의 건강이든 정신의 평안이든, 우리는 본능적으로 그 방향을 향해 움직인다. 그래서 과학도, 의학도, 교육도, 종교도 탄생하고 발전해왔다. 나는 그 원초적인 욕망의 본질이 궁금했다. 그리고 스스로에게 물었다. "우리는 왜 이렇게까지 행복하지 않을까?"

오랜 시간 마음을 탐구하며 깨달은 것은 하나였다. 삶이 괴로운 게 아니라, 괴로운 것은 '생각'이고 힘든 것은 '마음'이었다. 보이지 않기에 잊고 지낼 뿐, 마음이 아프면 몸도, 정신도 함께 병든다. 마음과 몸, 정신은 하나의 흐름으로 이어져 있기 때문이다. 그렇다면 마음이 건강해지려면 어떻게 해야 할까.

원래 우리는 모두 건강한 마음을 가지고 태어난다. 그러나 살아가면서 쌓인 좋지 않은 기억들이 그 마음을 조금씩 덧나게 한다. 상처가 나면 약을 바르듯, 마음의 상처 위에도 치료제가 필요하다. 그 약은 다름 아닌 '진심 어린 감사'다. 감사는 마음의 상처 위에 바르는 가장 강력한 치유제다.

나는 단지 타인을 향해 감사하자고 말하려는 것이 아니다. 감사해야 하는 이유를 알고 그것을 실천할 때, 감사가 만들어내는 뇌파의 힘이 얼마나 놀라운지를 말하고 싶다. 맹목적인 감사는 바로 응답이 오지 않지만, 대상을 향한 진심의 감사는 반드시 변화를 일으킨다. 시간이 지나면 더욱 큰 에너지로 되돌아오고, 그때 비로소 우리는 그것을 '기적'이라 부르게 된다.

하지만 상처 위에 곧바로 약을 바를 수는 없다. 상처는 먼저 씻고 소

독해야 아문다. 마음의 치유도 같다. 마음을 회복하기 위해서는 먼저 비워야 한다. 그래서 나는 의식의 흐름을 조율하고, 마음의 쓰레기통을 비워내는 방법을 찾고자 했다. 눈을 통해 들어오는 과도한 정보를 차단하고, 그로 인해 자동적으로 일어나는 생각의 흐름을 잠시 멈추는 연습이었다.

그 결과, 나는 몸을 위한 기계보다 내면의 평온과 집중을 돕는 도구를 만들어야겠다고 결심했다. 마음의 감각과 인식의 구조를 정리해주는 '마음공부' 도구, 그것이 내가 찾은 새로운 방향이었다. 돌이켜보면 나는 언제나 남들보다 아픈 사람들에게 마음이 갔다. 그래서 지금 이 일을 하고 있는지도 모르겠다.

'마음공부'를 돕는 도구를 구상하며 가장 먼저 집중한 것은 '비움'이었다. 컴퓨터의 저장공간을 정리하듯 불필요한 정보와 감정의 잔재를 지워야 했다. 그래서 시각 자극을 줄이는 방법부터 탐구했다. 눈으로 흡수되는 정보가 줄어들수록 뇌의 작동 방식은 전환되고, 뇌파는 안정된다. 이 '생각이 멈추는 시간', 즉 '마음이 쉬는 시간'이 길어질수록 세상을 바라보는 시선과 마음의 구조가 달라졌다.

불안정한 뇌파는 불안과 우울의 원인이 된다. 그러나 뇌의 파동이 안정되면 집중력과 몰입감은 놀라울 만큼 향상된다. 조용하지만 깊은 변화는 그 순간부터 시작된다. 그 시간을 반복하면 우리는 다시 본래의 맑은 마음으로 돌아갈 수 있다.

연구에 몰두하던 중, 문득 마음 한켠이 부끄러워지기도 했다. 예전의 나는 제품을 만들면서도 오직 '돈을 벌어야 한다.'는 생각에 사로잡혀 있었다. 그러나 지금의 나는 다르다. 이제는 '세상을 회복시키는 일'이라는 사명으로 이 일에 임하고 있다. 나의 작은 시도가 언젠가 더 큰 회복의 물결이 되어 누군가의 마음을 살릴 수 있다면, 그걸로 충분하다.

이제 '마음공부'를 돕는 도구는 단순한 사업 아이템이 아니다. 그것은 사람과 사람을 연결하는 매개이며, 우리가 잃어버린 고요와 회복을 되찾는 새로운 언어다.

돌아보면 내가 헤맸던 시간은 모두가 행복해지는 길을 찾기 위한 준비 과정이었다. '마음공부'를 통해 얻은 이 깨달음은 결국 한 사람의 변화에서 시작해 세상을 바꾸는 힘으로 확장될 것이다.

그래서 요즘 나는 행복하다. 이 진리를 혼자 아는 것보다 함께 나눌 때의 행복이 열 배, 백 배, 천 배로 커질 것 같기 때문이다.

이제라도 우리가 함께 이 여정을 시작한다면, 미움도 다툼도 사라질 것이다. 감사의 뇌파가 세상을 초록빛 긍정의 파동으로 물들이게 될 것이다.

그런 날이 머지않기를, 나는 진심으로 소망한다.

"당신은 인생에서 행복을 찾았는가?"

"당신은 살면서 누군가를 행복하게 해주었는가?"

고대 이집트 사람들은 죽어서 하늘에 오르면

신이 두 가지 질문을 던진다고 믿었다.

당신은, 뭐라고 대답할 것인가.

주저하지 않고 "예"라고 말할 수 있는

그런 삶을 살아보지 않겠는가.

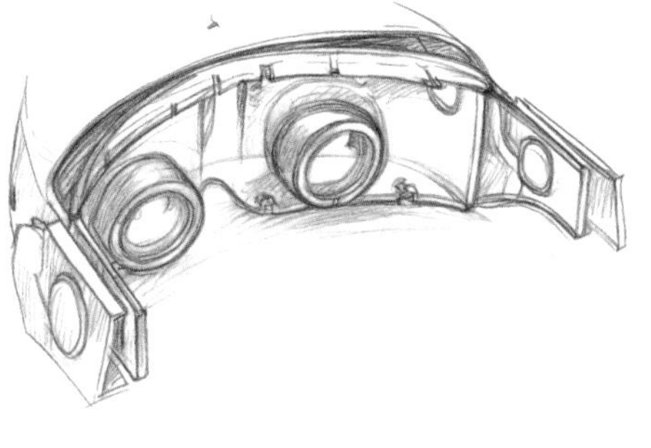

사색 포인트

명상과 마음 돌봄은 이제 단순한 치유의 도구가 되어서는 안 된다. 명상은 회복의 기술을 넘어 폭주 직전의 마음을 붙잡는 마지막 장치다. 그것은 어떤 예방 백신보다 확실하고, 어떤 감시 시스템보다 섬세하다. 누군가의 마음이 완전히 무너지기 전에 스스로 자기 안의 신호를 감지하도록 돕는 것, 그 방법이 바로 명상이다.

이제 우리에게 필요한 것은 단지 한 사람의 치유가 아니다. 모두의 회복이다. 그리고 그 회복은 분리의 환상을 걷어내는 일에서 시작된다. 명상은 더 이상 조용한 사적인 습관이 아니라, 우리가 우리답게 살아가기 위해 반드시 회복해야 할 삶의 태도다. 그리고 지금이야말로 그 첫걸음을 내딛기에 가장 좋은 때다.

'마음공부'를 돕는 도구는 단순한 사업 아이템이 아니다. 그것은 사람과 사람을 연결하는 매개이며, 우리가 잃어버린 고요와 회복을 되찾는 새로운 언어다. 돌아보면 내가 헤맸던 시간은 모두가 행복해지는 길을 찾기 위한 준비 과정이었다. '마음공부'를 통해 얻은 이 깨달음은 결국 한 사람의 변화에서 시작해 세상을 바꾸는 힘으로 확장될 것이다. 그래서 요즘 나는 행복하다. 이 진리를 혼자 아는 것보다 함께 나눌 때의 행복이 열 배, 백 배, 천 배로 커질 것 같기 때문이다.

마음을 다스릴 줄 알아야
삶의 기반을 세울 수 있다

부록

우리가 구매하는 작은 물건 하나에도 올바르게 사용하기 위한 '사용 설명서'가 들어 있다. 제품의 구성이나 사용 방법, 주의할 점, 고장이 나면 어디서 A/S를 받으면 되는지까지 꼼꼼하게 적혀 있다.

그러나 정작 인간으로 태어나 가장 중요하게 다루어야 할 '마음'에 대해서는 단 한 번도 설명서를 받아본 적이 없다. 자신의 마음을 어떻게 사용하고 관리해야 하는지 제대로 가르쳐 준 사람도 없다. 그렇다고 어설프게 알려주는 것은 오히려 위험하다. 가르치는 이조차 마음의 본질이 무엇인지 명확히 설명하지 못하기 때문이다.

그래서 나는 '마음 사용 설명서'를 새롭게 조명하고자 한다. 이것은 지금의 우리에게도, 미래의 모든 세대에게도 반드시 필요한 기본 지식이다. 마음의 사용법을 바르게 알고 이해할 때 우리는 비로소 풍요롭고 단단한 삶의 기반을 세울 수 있다.

1. 마음의 정의 : 기억을 담은 그릇

마음이란 뇌의 정보 처리 과정에서 기억하는 모든 활동을 담은 그릇이다. 우리는 눈, 귀, 코, 입, 촉각, 그리고 직감이라는 여섯 감각을 통해 세상의 정보를 받아들이고, 그 경험은 고스란히 기억 창고에 차곡차곡 저장된다.

이 저장 과정은 단순한 기록이 아니다. 시간이 흐르며 그것이 곧 '나의 마음'이 된다. 그리고 그 마음은 우리의 삶을 이끌며, 행복과 불행을 결정짓는다. 좋은 기억과 감사로 채워진 마음은 평화롭고 풍요로워지지만, 상처와 분노로 채워진 마음은 무겁고 고통스럽다. 따라서 마음은 단순한 감정의 집합이 아니라, 삶의 방향을 결정짓는 각자의 그릇이다.

2. 마음 사용 방법 : 내가 보낸 뇌의 파동은 반드시 나에게 돌아온다.

마음을 제대로 사용하려면 먼저, 나와 연결된 수많은 사람들을 인식해야 한다. 우리는 서로에게 도움을 주고받으며 살아가고 있다. 나와 아무 상관없어 보이는 낯선 이들조차 사실은 나의 삶을 지탱해 주고 있다. 지나가는 사람들 99%는 이미 내 삶에 직간접적인 도움을 주었다. 이 사실이 가슴에 와닿을 때까지 잠시 멈추어 일상을 가만히 돌아보라. 그것이 마음 사용 방법의 올바른 출발점이다. 이 깨달음이 분명해지면, 만남마다 감사의 태도를 품게 된다.

감사는 단순한 인사말이 아니다. 내가 품은 감사는 뇌의 파동으로 진동하며 상대에게 전해진다. 내가 상대를 좋아하는지, 싫어하는지, 진심인지 아닌지는 결코 숨길 수 없다. 우리가 흔히 '느낌'이라고 부르는 미묘한 기류는 바로 이러한 뇌파의 교류에서 비롯된다.

예를 들어, 어떤 사람과 대화를 나눌 때 그가 웃고 있어도 속으로는 나를 불편해한다면, 나는 말 한마디 듣지 않아도 그 차가운 기류를 느낀다. 반대로 상대가 별다른 표현을 하지 않아도 진심으로 나를 위하는 마음을 품고 있다면, 그 따뜻한 에너지는 자연스럽게 전해진다. 말과 행동은 꾸밀 수 있어도, 뇌파는 결코 거짓말을 하지 않는다.

그러니 걸음마다 진심으로 감사하는 마음을 가져야 한다. 감사를 품은 뇌파는 상대에게 파동으로 전해져 좋은 인연을 만들고, 관계를 바꾸며, 때로는 기회와 풍요까지도 불러온다. 이것이야말로 마음을 바르게 사용하는 방법이며, 내가 확신하는 삶의 원리다.

3. 마음 관리의 주의사항 : 흔들려도 본질은 변하지 않는다.

마음은 밭과 같다. 감사와 존중을 심으면 풍요가 자라고, 분노와 미움을 심으면 잡초만 자란다. 그러나 밭은 언제든 다시 갈아엎을 수 있다.

살다 보면 배운 이치를 분명히 알고 있어도 마음이 뜻대로 움직이지 않을 때가 있다. 별것 아닌 일에 화가 치밀고, 이유 없는 미움이 올라올 때가 있다. 그렇다고 해서 깨달음을 잃은 것은 아니다. 중요한 것은 본질을 잊지 않는 일이다. 이 사실을 인지하면 감정의 파도에도 쉽게 흔들리지 않는다.

칠판을 떠올려보자. 그 위에 무엇을 그렸든, 또 그것을 지웠든 칠판의 본질은 변하지 않는다. 마음도 그렇다. 잠시 감정이 요동치더라도, 그 감정이 나의 본질을 바꾸는 것은 아니다. 이미 이치를 이해하고 깨달은 사람이라면 순간적인 감정에 휘둘릴 수는 있어도, 그 감정 때문에 깨닫기 이전의 사람으로 돌아가는 일은 없다. 그저 마음속 깊은 곳에 머물던 감정이 잠시 드러났을 뿐이다.

밭에도 잡초가 자라지만, 그것이 밭 자체를 망가뜨리지 않는다. 마음이 잠시 흐려지면 다시 갈아엎으면 된다. 그때마다 깨달음을 떠올리고 마음을 바로 세우면 된다. 그것이 마음을 관리하는 올바른 자세다.

4. 마음의 A/S 방법 : 비우고 버리는 힘

마음이 무겁고 고장 난 듯 느껴질 때는 비우는 것이 먼저다. 과거의 상처나 불필요한 감정을 더 이상 붙잡지 말자. 억지로 잊으려 하기보다, 잠시 숨을 고르고 깊게 들이마셔보라. 숨이 고요해지면 뇌가 고요해지고, 뇌가 고요해지면 생각이 잦아든다. 그 순간부터 마음은 다시 작동하기 시작한다.

비움의 첫걸음은 용서다. 용서는 상대를 위한 일이 아니라, 나의 마음을 되찾기 위한 과정이다. 지금까지 고마워하지 못했던 사람들조차 결국은 내 삶을 가능하게 해준 존재였음을 깨닫고, 그들을 향해 감사해보자. 미움으로 가득 찼던 자리에 감사가 들어설 때, 마음은 다시 건강하게 뛰기 시작한다.

마음의 A/S는 한 번으로 끝나지 않는다. 잡초가 다시 자라듯, 마음도 금세 탁해질 수 있다. 중요한 것은 반복이다. 고장 날 때마다 비우고, 버리고, 다시 채우는 일. 이 꾸준한 순환이 마음을 건강하게 유지하는 가장 확실한 방법이다.

그리고 마음이 너무 크게 요동치고 감당하기 어려울 만큼 복잡하다면, 주저하지 말고 전문가의 도움을 받아야 한다. 상담이나 치료는 결코 약함이 아니라, 자신을 지켜내는 가장 큰 용기다.

가벼운 감기도 제때 돌보지 않으면 큰 병으로 번지듯, 마음의 아픔도 방치하면 더 깊은 상처가 된다. 나를 돌보고 사랑하는 일에는 때로 확실한 결단과 용기가 필요하다.

1. 마음의 정의 : 기억을 담은 그릇

2. 마음 사용 방법 : 내가 보낸 뇌의 파동은 반드시 나에게 돌아온다.

3. 마음 관리의 주의사항 : 흔들려도 본질은 변하지 않는다.

4. 마음의 A/S 방법 : 비우고 버리는 힘

이 네 가지 '마음 사용법'은 단순한 지식이 아니다. 이것은 매일의 삶 속에서 실천해야 하는 확실한 지혜다. 마음은 평생에 걸쳐 익혀야 하는 삶의 기초이며, 인생의 방향을 결정짓는 시작점이다. 중요한 것은 '마음 사용법'을 머리로만 이해하지 말고, 생활 속에서 반복하는 것이다. 때로는 그 원리를 잊고 넘어질 수도 있다. 그러나 다시 돌아오면 된다. 그것이 무너진 마음을 세우고, 새로운 삶을 여는 길이다.

잘못 심은 씨앗은 거두고, 어긋난 관계는 감사로 회복하며, 지친 마음은 비움 속에서 다시 힘을 얻으면 된다. 걱정을 내려놓고 지금 이 순간부터 하나씩 실천해보자. 천천히라도 좋다. 두 달 뒤, 변화된 자신의 모습을 상상하면서 말이다.

에필로그

살다 보면 누구나 한 번쯤은 멈춰 서게 된다. 내가 잘하고 있는 걸까, 왜 이렇게 힘든 걸까, 나만 뒤처지는 건 아닐까. 그럴 때마다 우리는 남의 인생을 들여다보고, 그들의 동그라미가 내 것보다 더 커 보인다고 착각한다. 하지만 결국 그 비교가 나를 작게 만들고, 마음을 더 무겁게 만든다.

삶을 바꾸려 애쓰던 시간보다, 내 마음을 자세히 들여다보려 노력했던 순간들이 나를 더 성장시켰다는 것을 긴 여정을 지나며 깨달았다. 행복은 외부의 조건이 아니라, 내가 어떤 시선으로 세상을 바라보느냐에 따라 결정된다. 감사할 줄 아는 사람에게는 일상이 선물이 되고, 비교를 멈춘 사람에게는 평화가 찾아온다.

우리가 진심으로 감사한 마음을 품을 때, 뇌는 새로운 파동을 일으킨다. 그 뇌파는 단순한 진동이 아니라 현실을 바꾸는 에너지다. 나는 그 사실을 몸으로 경험했다. 감사의 순간마다 사람과 일이 달라졌고, 기회와 인연이 내게로 모여들었다. 그것은 우연이 아니었다. 마음의 주파수가 바뀌니 세상의 흐름이 달라진 것이다.

그리고 명상은 그 파동을 안정시킨다. 잠시 멈춰 숨을 고르고 생각을 비워내면, 세상은 고요 속에서 다시 제자리를 찾는다. 그 안정 속에서 나는 깨달았다. '나의 마음이 바로 세상의 축이었다.'는 것을. 그 축이 흔들리면 세상이 흔들렸고, 그 축이 고요하면 세상도 나를 따라 고요해졌다.

우리는 모두 같은 길 위를 걷고 있다. 불안과 기대, 좌절과 희망이 교차하는 인간의 길. 그 길 위에서 때로는 넘어지고, 때로는 헤매지만, 결국 다시 앞으로 걸어가게 만드는 힘은 언제나 마음속에 있었다. 그 힘은 '감사'였고, '용서'였으며, '연결'이었다.

이 책은 그 마음의 작동 원리를 이야기해온 여정이었다. 세상을 통제하려 하기보다, 마음을 이해하는 법을 배우는 일. 억지로 행복해지려 하기보다, 이미 행복할 수 있는 이유를 발견하는 일. 결국 모든 변화는 그 단순한 깨달음에서 시작된다. 이제 당신은 안다. 기적은 특별한 날, 특별한 사람에게만 찾아오는 것이 아니라 감사 속에서 만들어지는 파동에 숨어 있다는 것을.

그 파동은 당신으로부터 시작해 가족과 동료, 그리고 세상으로 퍼져나간다. 퍼져나간 감사의 뇌파를 통해 세상이 바뀐다. 이것이 가장 확실한 이치다. 책을 덮고 나면 일상은 다시 평범하게 흘러갈 것이다. 하지만 그 평범함 속에서도 이제는 다른 눈으로 세상을 보게 될 것이다. 아침의 햇살이 새롭고, 누군가의 안부가 따뜻하며, 그저 숨쉬는 것조차 감사하게 느껴진다면 그건 이미 당신 안에서 기적이 시작된 증거다.

나는 믿는다. 이 책이 끝이 아니라, 당신 인생의 새로운 서문(序文)이 될 것임을 믿는다. 세상의 법칙을 이해한 사람은 더 이상 흔들리지 않는다. 왜냐하면 행복은 찾는 것이 아니라, 감사할 때 비로소 드러나는 것임을 알기 때문이다.

기적은 이미 당신 안에서 시작되었다. 그 빛이 세상을 비추는 날까지, 당신의 걸음이 이 여정의 마지막 목적지에 도달하기를 바란다.

당신의 길 위에서

장성해

감사의 뇌파가 부르는 기적

초판 1쇄 발행　2025년 12월 1일

지 은 이　**장성해**
펴 낸 이　**박소영**
펴 낸 곳　**바른북스**

출판등록　2019년 4월 3일 제2019-000040호
주　　소　서울특별시 성동구 연무장5길 9-16, 606호(성수동2가)
홈페이지　www.barunbooks.com
이 메 일　barunbooks21@naver.com
전화번호　070-7857-9719

ISBN 979-11-7263-692-0